AF450923

# Sebaji

## La Verdad dentro de ti

Sebastián Rehermann

EDIQUID

SEBAJI
LA VERDAD DENTRO DE TI
© Sebastián Rehermann

Editado por: Corporación Ígneo, S.A.C.
para su sello editorial Ediquid
José Olaya 169, Ofic. 504, Miraflores. Lima, Perú
Primera edición, noviembre, 2024

ISBN: 978-612-5160-73-7

Hecho el Depósito Legal en la Biblioteca Nacional del Perú N° 2024-09640

www.grupoigneo.com
Correo electrónico: contacto@grupoigneo.com | Teléfono: +51 955 071 270
Facebook: Grupo Ígneo | X: @editorialigneo | Instagram: @grupoigneo



Colección: Integrales

# CONTENIDO

# PRÓLOGO

*Corrían los años noventa cuando conocí a Sebastián.*

*Bastaron cinco minutos para reconocer al buscador espiritual que es...; un soplador de cenizas en busca de las brasas que permitieran avivar el fuego que habita en su interior.*

*Esto lo llevó a recorrer países como India, México y Argentina, recopilando conocimientos y experiencias que pudieran saciar la sed que surge en la profundidad de su Ser.*

*El teatro de la vida lo vistió de hijo, esposo, padre, monje, chamán...; experiencias que si nos identificamos con ellas suelen distraernos, pero la sed era más fuerte, la búsqueda de la paz interior no admitía descanso.*

*Quiso la vida que compartiera alguna de sus numerosas experiencias, y así, poder ser testigo de que, lo escrito en este libro es producto de sus vivencias sobre esta Madre Tierra.*

*«La verdad dentro de ti», es una obra que nos zambulle sin piedad en las profundidades de un manantial de agua clara y fresca que diluye las fronteras que nos atascan en el avance hacia nuestro despertar.*

*Te invito a leer este libro con la sensibilidad de un niño, para que llegue a tu corazón, y la fortaleza de un guerrero, para poder integrarlo.*

*Agradezco a Sebastián su apertura y valentía al entregarnos en este amoroso libro su vivencias y entendimiento; afinado instrumento que en sus notas nos recuerda que «la salida es hacia adentro».*

EDGAR ESTÉVEZ RODRÍGUEZ

# DEDICATORIA

*Para mis hijos, Jazmín y Nehuén.
No podría ser más honesto al decir que, palabra por
palabra, solo intenté sublimar la ignorancia que reside en mí, sembrando la semilla de la importancia de
conocernos a nosotros mismos en nuestras virtudes y
miserias. Abordo temas diversos, pero todos apuntan en
una misma dirección: «La verdad está dentro de ti».
Todos aquellos que lleguen a tener en sus manos estas páginas comprenderán, a su debido tiempo, que lo
mismo daría si estuvieran vacías. El poder del mensaje
que contienen me trasciende en todas las formas que
puedas imaginar. Lejos de ser un dogma están las frases
aquí escritas. Aun más lejos están de mi total comprensión, pero entiendo que fue una forma de compartir
mi sentir, junto con la intención de profundizar en el
conocimiento del Ser que algún día aflorará en su total
sentido de haber sido creado.*

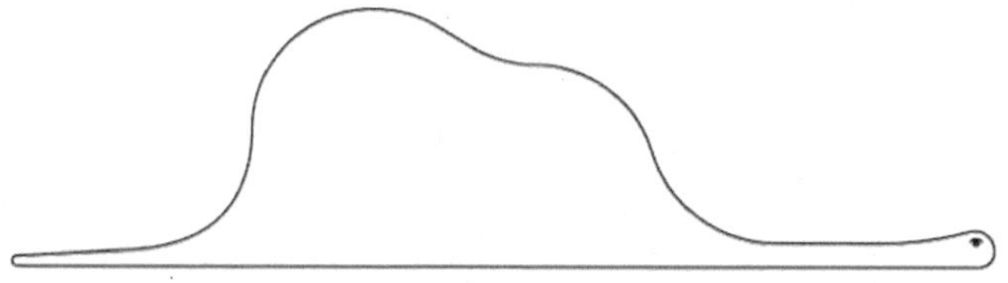

*Una frase vino a mí con la mente en ilusorio reposo: «La belleza observada es tu propia capacidad de apreciarla». Hermano mío, si yo mismo hubiera llegado a la total comprensión de su significado, creo que no habría escrito más, y es por esta razón que caminaremos juntos en cada párrafo, hilvanando corazón y mente.*

*Sentirte en paz, sentir gratitud, disfrutar de la experiencia.*

*Si sientes paz, estarás disfrutando.*

*Si estás disfrutando, te sientes agradecido.*

*La gratitud es la experiencia mística por excelencia.*

De vez en cuando, solemos pensar en el futuro y lo que nos depara. Pensamos, soñamos y diseñamos nuestras más pintorescas fantasías.

Recuerdo cuando era niño y llegaba la hora de la siesta. No quería dormir; sentía que había un mundo allá afuera que me estaba esperando. Sentía que era una pérdida de tiempo. Aun así, hoy puedo darme cuenta que, en ese momento en el que la vida parecía detenerse, en realidad entraba en profundos estados meditativos que, muchas veces, a mi pesar, me llevaban al encuentro conmigo mismo.

Así se presentaba ya en mi infancia la posibilidad de explorar mi mundo interior. Hoy suelo buscar ese momento en el que observo a mi alrededor y, casi de inmediato, entro en la experiencia que me permite tomar contacto con lo verdadero, con ese mundo que nos permite entender y entendernos, pero que, al mismo tiempo, puede ser una transición incómoda.

Nunca sabemos qué es lo que encontraremos tras el velo de tantas distracciones, ideas y conceptos. No debemos olvidar que, en nuestro viaje hacia nuestra verdadera naturaleza, no podemos llevar un esquema ni un diseño preestablecido. Necesitamos despojarnos de nuestro ropaje para entrar en el reino de la verdad. ¿Acaso no llegamos así a este mundo? ¿Desnudos? ¿Expuestos? Esto es tan solo una metáfora; despojarnos de nuestras vestiduras significa que solo podemos entrar al mundo de la inocencia dejando atrás toda idea preconcebida de nosotros mismos.

Ahora bien, ¿qué nos impide volver a nuestra forma natural de ser? ¿Qué tememos? Temes perderte, temes dejar de ser un «yo» separado, temes unirte, temes que todos tus secretos sean revelados. Esto es muy importante de entender: uno de tus mayores miedos es que todos tus secretos queden a la vista. Pero, ¿qué puede esconderse de la verdad?

El más temido de tus secretos... ¿cuál es? Mira, entrega tu secreto a aquel que ya los conoce todos, a aquel de quien nunca pudiste, puedes ni podrás ocultarte. Cuanta libertad se experimenta en el momento en que te muestras tal cual eres y te sabes amado y perdonado desde antes de cualquier error que hayas cometido. Cuanto bien le harías al mundo si supieras que todos tus errores fueron subsanados incluso antes de ser cometidos.

Así como todos somos uno, también es verdad que cada gota que somos compone la gran ola de la cual formamos parte. Sin embargo, sentimos la necesidad de identificarnos como individuos con características que nos diferencian, que nos distinguen del resto. Tenemos una voz propia y la intención que se nos escuche.

De esta forma, la personalidad encuentra la posibilidad de expresarse y compartir una parte del todo. En el reconocimiento de nuestra particular expresión es que el universo se hace diverso y el aprendizaje se convierte en ley.

Hay algo obvio en nuestra experiencia: vinimos a aprender, los unos de los otros, y el recuerdo del Ser nos devuelve a nuestra propia naturaleza.

Navegamos aguas turbulentas en estos tiempos en los que parece necesario demostrar que el pasto es verde o que la lluvia moja. La incertidumbre parece haber ocupado el lugar de la verdad y la falta de confianza ha ganado terreno en nuestra percepción. No podemos decir que esto sea bueno o malo. Esta sensación de estar perdidos en una realidad paralela ha generado tanta confusión, tanto desasosiego, que no podemos estar seguros de lo que pensamos, queremos o necesitamos.

La meditación no ha podido ayudar a la humanidad porque la necesidad de sobrevivir al mundo y a nosotros mismos nos ha sumido en una inquietud sin precedentes. La mente parece estar colapsando, las creencias están en conflicto unas con otras, y la verdad se pone en tela de juicio.

Hermano mío, ¿qué otra cosa, sino nuestro propio aliento, podría anclar nuestra barca para así soportar esta tempestad?

# NUNCA ESTAMOS SOLOS

Cuando comenzamos a entender que nada es bello o real en este mundo de aparente fealdad, poco a poco iremos integrando el entendimiento verdadero de que «la belleza observada es nuestra propia capacidad de apreciarla». Ya al final de estas páginas iremos incluso más profundo en su significado, de forma tal que nuestra relación con el Todo dé el primer paso a la «desvanecencia» del Ego o, más bien, a una comprensión acertada en cuanto a su irrealidad.

Imagina que la cosa más bella para ti no es la cosa en sí, sino que su belleza radica en el milagro, en el poder de saber apreciarla. Contemplar fuera de nosotros sin perder la capacidad de asombro nos llevará a emprender un viaje mucho más ambicioso, uno que el ego ni siquiera puede imaginar: el viaje a nuestro interior, al conocimiento de nosotros mismos.

Tan cerca estamos de este redescubrimiento, de este recordar; sin embargo, el mundo nos dice, enseña y adoctrina que solo hay una salida a nuestro pesar, y esta salida parece ser el fin al cual todos temen: la muerte del cuerpo. Hace muchos años, me encontraba en México, donde tuve la oportunidad de conocer a un chamán que por aquel entonces gozaba de gran popularidad. Le pregunté, con ansias de curiosidad, qué era lo que veía en mí, si es que veía algo. Muy tranquilo, me dijo: «Lo que estás buscando se encuentra a la vuelta de la esquina; no hay mucho más de lo que ya tienes, solo que no te das cuenta».

Cuando comprendemos que la belleza observada somos nosotros mismos, un reflejo sin distorsión, la experiencia se retroalimentará. Aun así, incluso en esta contemplación, puede que cierto temor quiera apoderarse del momento. Es lógico que el ego intente rechazar este entendimiento porque, si bien es un ápice, una muestra de lo que la divinidad tiene para nosotros, este sabe que tiene el poder de revelar su máximo temor.

¿Piensas que hablo de la muerte, la enfermedad o el dolor? Pues no, hablo del amor. A nada le temeremos más que al amor mientras estemos perdidos en tan falsos conceptos y, por lo tanto, le temeremos a la imagen que hemos fabricado y llamado Dios en sus diversas formas e irreales manifestaciones. Tan distorsionada está nuestra percepción que nos cuesta aceptar incluso que somos dignos de ser amados más allá de toda culpa o pecado. Entiéndase pecado por aquello que puede ser oculto a los ojos de aquel que todo lo ve, una idea muy tonta que nos ha perdido en el laberinto del ego, en la madeja de la mente.

No encontrarás aquí un hilo conductor, o sí, eso dependerá de tu coraje y valentía, porque lo tiene, pero no está en las palabras, sino más bien entre ellas, oculto a los ojos del cuerpo, pero manifiesto al corazón. Son esos espacios en blanco aún más importantes que las letras grabadas.

Verás, hermano mío, que hay un momento infinitamente pequeño entre un pensamiento y otro. Ese lapso de tiempo es una gran oportunidad que tenemos en cada aliento. Es ese momento en el cual terminas de inspirar para exhalar, y ese lapso en el que terminas de inhalar. Es breve, pero allí se encuentra una gran enseñanza, el secreto revelado a voces.

Cuando comiences a leer este libro, quiero que tengas presente esto: será una profunda inhalación y, al final, una larga exhalación, para luego olvidar lo que hayas leído. Esa es mi intención. Soy bastante olvidadizo; cuando llego a alguna comprensión que me libera del peso insoportable que pueda estar llevando, la transmito, porque sé que dejaré la carga, y también sé que olvidaré. Así entiendo que, compartiendo esta comprensión, es la única forma de tenerla. Amigo mío, te ofrezco todo regalo que se me ha sido dado, pero no me creas dadivoso o generoso; lo hago para recuperarlo cuando el olvido llegue a mí, cuando me encuentre perdido y haya sido nuevamente engañado por el devenir de las circunstancias. Quiero que estés ahí para recordármelo. Todo camino es espiritual, y este nunca fue, es ni será un camino de ida; todo lo contrario, es un camino de regreso a nosotros mismos, a nuestra esencia.

Comencé a escribir este libro albergando la fantasía de que no llevaría mucho tiempo terminarlo. Para mi sorpresa, comprendí que nunca llegaría a su fin; comprendí que día a día encontraría algo más para compartir. Entonces decidí poner el final en el principio. Esto significa que con solo leer la introducción, estaría sembrando la semilla, la comprensión del sinsentido de este juego que llamamos mundo, aunque me escucharás explayarme en algunos textos sobre el sentido de este. Es por ello que al final debes descartar todo lo que hayas leído aquí, todo entendimiento que creas haber alcanzado.

Las metas son una ilusión; toda meta no hace más que alejarte de ti y del momento presente, puesto que están en el pasado, expresadas en fracasos, o en un futuro inexistente como la promesa de un estado mejor o superior del Ser, como si lo que ya es todo pudiera ser perfectible. Esta confusión proviene de nuestra percepción del tiempo y toda la estructura de pensamiento que nace de una falsa impronta: «la existencia del tiempo».

*Un cambio de percepción es imprescindible para explorar la irrealidad del tiempo y sus efectos, en la cual se basa toda la capacidad del Ego para controlar nuestros pensamientos y emociones. No hay Ego sin la creencia en el tiempo, y no hay tiempo sin la percepción de la existencia del Ego.*

Los niños juegan y le dan un sentido a sus juegos; el juego por sí mismo no tiene sentido alguno, son una ilusión, pero tenemos la opción de impregnarlos de cierto sentido desde nuestra percepción. Al crecer, hacemos exactamente lo mismo: todo lo impregnamos con nuestra percepción e intentamos darle un sentido, lógico o práctico. Necesitamos convencernos a nosotros mismos de que la ilusión es real.

Buscamos la verdad; los más espirituales buscan la iluminación o lo que creen que esta es. Sin embargo, esto no deja de ser una meta más, aunque sea considerada la meta última, la más elevada. No deja de ser una idea proyectada al futuro, la cual parece arrastrarnos a la experiencia del tiempo y, de esta forma, alejarnos del presente. Una ilusión. La gran ilusión. ¿A qué vinimos a este mundo? ¿Es posible alcanzar la iluminación cuando esta es una meta más? ¿Una promesa de liberación?

Una vez, un amigo me dijo: «Donde vayas, irás contigo». Imagina que pasas por una gran depresión, decides hacer un viaje para distraerte, para olvidar o sanar, y llega este amigo y te suelta esta frase: «Donde vayas, irás contigo». Pueden suceder dos cosas: o bien significa la ruina de tus expectativas o reconsideras toda la naturaleza de tu movimiento y la intención de tu viaje.

Nos hemos impuesto un sinfín de metas en este juego que llamamos vida, sin darnos cuenta de que nos abocamos a alcanzarlas, sacrificando lo más importante: la experiencia del momento presente. Toda meta, por más elevada que parezca, nos proyecta al futuro y, por ende, nos somete a la postergación de nosotros mismos, nuestro único y verdadero propósito, aquello que no puede ser arrebatado.

Buscamos seguridad pero no tenemos fe. Esa búsqueda de seguridad nos embarca en un viaje que no puede ser más que fútil, porque buscamos certezas en un mundo que no es más que la manifestación de una idea que hemos concebido y aceptado: la idea de la existencia de un principio y un final. Esta es la verdadera matriz en la que se basa gran parte de nuestra corriente de pensamientos. Nuestra estructura mental nos lleva a la deriva con esta impronta, la percepción de que algo empieza y luego termina. Hemos asimilado este paradigma, cometiendo el error de intentar integrarlo a nuestro mundo interior, y esto nos ha sumido en un gran pesar. ¿Cómo podría terminar aquello que nunca comenzó, aquello que no está sujeto a las leyes del tiempo?

En este juego de la vida, tal cual lo vemos con los ojos del cuerpo, hay un solo final: todos perdemos llegado el momento; no habrá ganadores. Puedes elegir el camino A o el camino B, pero ambos terminan en el mismo lugar, un fin común. Teniendo presente esto, ¿cuál podría ser la fuerza de todo deseo sino ignorar este hecho?

Porque así como has llegado a este mundo, te irás, así como todo lo que construyas en él también desaparecerá. ¿Cómo podemos relajarnos y pensar que alcanzaremos la iluminación en algún momento? No podemos relajarnos mientras estemos sustentando la idea de que podemos llegar a ser mejores de lo que ya somos; no podemos relajarnos y vivir mientras estemos sometidos a la idea que el ego tiene sobre nosotros.

Hermano mío, despertar no es solo abrir los ojos a la salida del sol; despertar es, de alguna manera, comprender cuál es tu mayor temor. Déjame decirte esto: ¿crees que le tienes miedo al miedo mismo, al ego? Pero si el ego es una ilusión y lo único real es el amor, ¿entonces a qué le tienes miedo en realidad? ¿Cuál es la estrategia del ego para que sientas miedo sin saber a qué le temes? Mira, le tememos al amor.

*El ego ha urdido un plan muy ingenioso; se ha interpuesto entre el amor y tú. Puedes creer que le temes al ego, pero en realidad le temes a lo que oculta detrás de él: el amor. La sola idea de amar nos pone los pelos de punta. Creemos que si amamos, nos desvaneceremos, porque el ego se disipa en presencia del amor, o más bien, de nuestra aceptación de lo que realmente somos.*

Si has llegado hasta aquí, puedo decirte que no es necesario continuar con la lectura de este libro. Lo más importante ya ha sido dicho y te lo repito: «Desecha, momento a momento, toda idea que tienes sobre ti y el mundo; de esta manera, todo será tuyo», porque «la belleza observada es tu propia capacidad de apreciarla».

Y me fui a dormir con una pregunta en mente: «Padre, ¿cuál es mi destino? ¿Cuál es mi objetivo, mi función? Padre, a donde fuéramos, llévame de tu mano». Cierro los ojos y la respuesta, como un tibio bálsamo, se desliza entre mis pensamientos. Dice: «Hijo mío, de la mano del amor, ¿a dónde temes ir? Si a tu lado estoy, ¿dónde temes no llegar? El camino en sí, conmigo a tu lado, es y será nuestra dicha, y la dicha de todos. Y esta será nuestra, porque he dicho que solo te pertenece lo que compartes». Sebaji.

Es la importancia de sentirse en paz una prioridad en tu vida. La belleza de experimentar el momento presente, estar aquí y ahora, es lo que necesitas. La vida es posible con cada inspiración. Recuerda, luego de cada exhalación, tu próximo aliento es tu mayor anhelo; recibirlo con gratitud te coloca en tal elevada actitud que serás consciente de tu lugar en el mundo. Sebaji.

Nada se puede decir sobre el silencio, aun así, ¿cómo no admirarlo en sonoros pensamientos? Puedes estar muy callado y aun así no en silencio. Incluso dormido, el comentario puede ser constante. La meditación más estática puede llegar a ser molesta a tus oídos. El silencio que quiero experimentar solo se alcanza entre dos. Somos tú y yo en el silencio más perfecto, donde la comprensión del Ser estará en nuestra consciencia.

Salí a caminar, tenía una gran ansiedad por encontrar algo, quizá a Dios, quizá a mí mismo, quizá alguna señal que me llevase a lo divino, al fin del conflicto, el sufrimiento, y al fin, incluso, de la misma búsqueda. Cansado, volví siguiendo mis pasos por aquellos polvorosos, espinosos caminos y lo primero que hallé fue un amigo con los brazos abiertos.

—¿Encontraste? —me preguntó.

—Nada que buscar, nada que encontrar —le respondí.

Los dos, con lágrimas en los ojos, nos postramos a nuestros pies, primero uno, luego el otro. Si hubiéramos entendido la profundidad de la experiencia, en ese mismo instante nos habríamos liberado, habríamos escapado del mundo conocido. Sabio es aquel que nos dio solo un atisbo de la verdad para poder así compartir este mensaje ancestral, sabio porque nos hizo testigos de la naturaleza de nuestra existencia. Compartir esta visión es primordial en estos tiempos.

# ENTRE SOMBRAS Y SUEÑOS

Sentimos no haber sido invitados a la fiesta de la vida; escuchamos la música y las risas a la distancia, como si fueran un vago recuerdo de un tiempo mejor. Llegamos a las puertas de tan hermosa mansión, donde todo lo bueno parece suceder detrás de ellas. A través de los cristales podemos ver lo que parece ser un mundo mejor, todas nuestras proyecciones de anhelos materiales, emocionales y espirituales.

La alegría y la despreocupación de los comensales nos hacen pensar que somos ignorados. Se nos niega la posibilidad, incluso, de estar contentos por su alegría, ya que el disfrute no encuentra eco en nuestro interior. Qué miserables nos sentimos cuando no podemos regocijarnos en la felicidad de otros. ¿Cómo podríamos sentirnos satisfechos si nuestras propias necesidades no son colmadas? ¿Cómo saber que somos Uno si la ilusión nos separa, si lo irreal parece relegarnos a las orillas de la insatisfacción?

La noche es oscura donde estamos, pero dentro, la luz brilla más y más. Solo nos queda soñar con lo hermoso que sería poder entrar y ser parte; pero, al parecer, no somos dignos. Así, sintiéndonos abandonados a las puertas de la alegría, permanecemos con el corazón oprimido gran parte de nuestras vidas. Nos preguntamos cómo sería posible acceder a la experiencia de sentirnos en paz, alegres y vivos.

Cierra los ojos, respira profundo, siente el batir del tambor de la vida que es tu corazón, entiende que la música ya está dentro de ti. La luz de la consciencia brilla más que cualquier estrella y está dentro de ti. Verás, en estos días y noches, muchos palacios con música y jolgorio, pero al final, los músicos se cansan de tocar, los placeres del beber y comer hartan, el agotamiento sobreviene; mas en tu jardín interior, nada dejará de florecer.

*Olvídate del ruido y las luces que encandilan, las falsas promesas de éxitos mundanos; abandona la espera y ve al encuentro del mayor tesoro: el reencuentro contigo mismo.*
SEBAJI

# LA ALEGRÍA DE ESTAR CONTIGO

Es, hermano mío, una alegría infinita haberte conocido y estar contigo, y que las aparentes distancias no signifiquen nada, sin tiempo. Si bien nuestras charlas construyeron infinitos paisajes de pintorescas realidades, fueron nuestros silencios los que tejieron el tapiz de los recuerdos. Este nos relata una historia de amistad, de compromiso con el perdón de nuestros errores. ¿Qué otra cosa es tener un amigo? ¿Qué otro significado tiene serlo?

Es, hermano mío, una gran alegría tan solo pensarte. Sabes que estás en mi recuerdo, un regalo del presente. Visitarte en tu casa, la alegría de tu rostro al verme llegar, es un precioso regalo.

Es, hermano mío, dicha infinita encontrarnos en el azar de las circunstancias. Contigo, el momento es ahora; compartirlo, nuestro afán. El tiempo y las distancias transitadas dejaron miles de palabras, abrazos y compañía. La vida misma ha ido dejando huellas en la arena, lienzo de tantos sueños, huellas que sabemos desaparecerán en la memoria, borradas por el incansable ir y venir de las olas, para que nuevas almas vuelvan a escribir la historia de sus vidas.

¿Qué puede ser más hermoso que nuestras miradas cuando intercambian compasión? Hemos caminado juntos un sinfín de caminos; cada uno ha tomado el suyo en varias ocasiones, aun así, todos nos han llevado al mismo lugar, al mismo entendimiento. Hemos caminado para llegar, y también por el simple placer del movimiento, sabiendo que no íbamos a ninguna parte.

Perdidos en el sinsentido, nos hemos hallado innumerables veces replanteando situaciones, sin encontrar solución alguna más que la sonrisa, la inexplicable alegría de estar vivos luego de tanta controversia.

*Perdóname, hermano mío, por no poder darte seguridad, por no poder llevarte más allá de los problemas, el sufrimiento o el dolor. A lo sumo, puedo decir que me he mostrado ante ti con honestidad.*

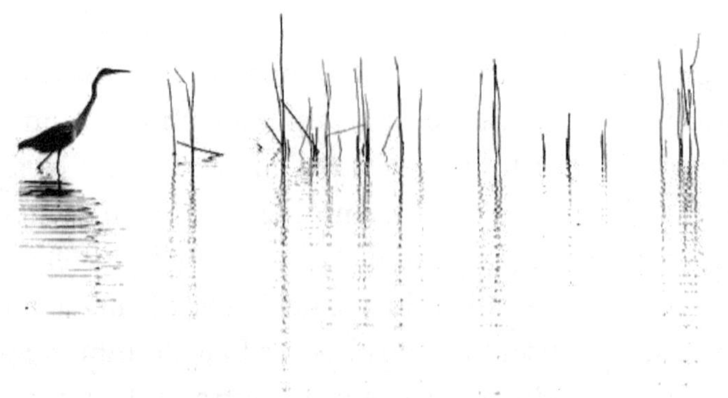

# LA INSPIRACIÓN

Así es como te digo, amigo mío, que solo un instante de inspiración que se prolongue mínimamente en el tiempo es suficiente para provocar un cambio trascendental en tu vida. Una gota de mar guarda en su diminuta existencia la infinita visión. Visión que podrá mostrarte todos los océanos. Serás el viento y la ola, toda la vida que se manifieste ante ti.

El pétalo de una rosa contiene suficiente inspiración como para mostrarte todos los rosales en todos sus colores. Pronto, muy pronto, la inspiración llegará a ti, puesto que la buscas en todas las cosas, en todos los seres, en todos tus actos, con cada aliento. Sabes, mi hermano, que momento a momento tienes la oportunidad de sentirte dichoso en esta aventura de vivir.

El amor que buscas no podrás retenerlo, no podrás hacerlo tuyo, poseerlo. El amor que buscas es el que puedes dar, porque solo es verdad aquello que puedes ofrecer a todos. Esa es la ley del amor. Darás y el doble recibirás.

Si crees que estás amando y no recibes nada, es porque no estás amando; estarás dividiendo, y por eso te sentirás carente, estafado, traicionado.

*Amar no es desprenderse de nada que te sea valioso. Buscarás el amor con todo tu corazón; deberás desprenderte del miedo y el rencor, pero recuerda, hermano mío, que será el amor mismo quien dé el último paso hacia ti.*
*Sebaji*

# LA ROSA DE LOS CUATRO VIENTOS

Un gurú no es simplemente un maestro o un guía; es aquel faro que ilumina el camino desde la oscuridad más profunda hacia la luz resplandeciente. Es el sabio que señala hacia el este, explicando, con la paciencia de quien ha recorrido innumerables veces el mismo sendero, que el sol nacerá por allí y se ocultará en el oeste. Esta certeza, que para ti podría parecer una simple obviedad, es una profunda verdad para el maestro, para ese ser que avanza con su vela encendida, iluminando las sombras de la ignorancia.

El verdadero gurú trasciende el conocimiento y la experiencia acumulada, dejando atrás la ilusión de una claridad superficial. Se asombra constantemente ante la sinfonía de la vida, esa secuencia de acontecimientos que, a simple vista, parecen estáticos, pero están en constante transformación. Acepta con humildad que lo que consideramos inamovible no es más que otro concepto efímero; después de todo, los conceptos son meras construcciones de nuestra mente y distan mucho de ser reales.

Este maestro es consciente de que el mundo entero es un fenómeno transitorio, una manifestación efímera en el vasto océano de la existencia. Comprende que la Rosa de los Vientos, ese instrumento que ha guiado a exploradores a través de mares desconocidos, puede tanto llevarnos hacia lo inexplorado como desviarnos de lo verdaderamente esencial. Aunque esta brújula es una herramienta práctica, ingeniosa en su diseño, nunca será capaz de señalar el camino más crucial y elusivo de todos: el viaje hacia nuestro propio ser, el sendero hacia la comprensión de nuestra verdad última, la experiencia vivencial del Ser.

En este viaje, el gurú enseña que cada paso, cada respiración, cada momento de conciencia nos acerca más a esa comprensión. Nos invita a mirar más allá de las apariencias, a cuestionar nuestras creencias más arraigadas y a abrirnos a la posibilidad de que la verdadera sabiduría reside en el silencio, en el espacio entre pensamientos, en la conexión profunda con el todo.

A través de sus enseñanzas, aprendemos que la verdadera brújula que debemos seguir no apunta hacia los cuatro vientos, sino hacia el corazón. En ese espacio sagrado, descubrimos que el amor, la compasión y la verdadera conexión con todo lo que existe son las únicas verdades que necesitamos.

*El gurú nos muestra que, al final, lo único que importa es el amor que damos y el amor que permitimos que fluya hacia nosotros, un amor que trasciende el tiempo, el espacio y la propia individualidad.*

Así, el gurú no es solo un maestro de palabras o doctrinas; es un espejo en el que podemos ver reflejada nuestra esencia más pura, un recordatorio constante de que cada uno de nosotros es, en su núcleo, pura luz, amor infinito y parte indisoluble del misterio insondable que es la vida.

Un día soñé que partía en un viaje espiritual llevando conmigo tan solo un morral lleno de semillas. Iba solo y, sin duda, algún temor me acompañaba. Temía perderme. Decidí ir dejando un rastro, no solo por si decidía volver, sino para que me pudieran encontrar. Hermano mío, este libro no es más que un lapso de tiempo antes de nuestro encuentro. Recoge semilla tras semilla, siembra y cosecha el fruto, decide si es bueno, continúa caminando. Cada semilla es un paso más hacia mí.

*Al final, si la divinidad así lo quiere, nos encontraremos. En este encuentro descubriremos la naturaleza de esta aventura de vivir. Tú, agradecido por las semillas y sus frutos, yo, agradecido porque sé que tu amor es el camino de regreso.*

# EL PODER DEL CÍRCULO

Los momentos más trascendentes de nuestras vidas tienen que ver con un ritual ancestral que ha estado muy presente en la experiencia humana: el ritual del círculo. Juntarnos en un círculo ha sido sinónimo de sanación, comprensión y seguridad, así como también de un gran aprendizaje y conexión con lo divino.

Es así que el círculo estará presente en momentos muy importantes de nuestra vida. La familia rodea al recién nacido para darle la bienvenida; las celebraciones serán en círculo en su gran mayoría. Alrededor del fuego se cocinarán ricos alimentos y grandes experiencias, transmisión de conocimientos y profundas expresiones.

En el círculo nos veremos las caras, nos reconoceremos los unos en los otros, nos sentiremos seguros reflejados en todos los ojos, en todas las almas. Este secreto a voces ha sido transmitido de generación en generación y es una práctica que hemos ido adoptando muchas veces de forma inconsciente.

Hacernos conscientes del poder de este ritual ancestral nos hará tener una comprensión mayor de los procesos que se desarrollan a partir de este gesto tan humilde. Aceptar entrar en un círculo, en un movimiento consciente, sin duda potenciará y enriquecerá la experiencia.

Es bueno saber que para muchas personas formar parte de un círculo, sentados, parados, cantando o en silencio, puede llegar a ser una experiencia abrumadora. Debemos tener presente siempre que se realice este ritual que, si bien es un viaje colectivo, también lo es de forma individual y que, así como alguien puede estar experimentando paz y plenitud, también puede haber otros que se sientan en gran soledad.

Digamos que la energía que comienza a circular, más aún al tomarnos de las manos, es como un río de gran caudal que puede movernos de nuestro sitio de confort con gran facilidad. Puede sorprendernos e incomodarnos. Para participar de un círculo es necesario ser un valiente guerrero, estar dispuesto a enfrentar quizá la más dura de las batallas: el reconocimiento de nuestra oscuridad. El guerrero que participe de este ritual necesita saber que la valentía solo está presente si el miedo es parte de la experiencia, por lo tanto, no debe enfocarse en erradicarlo sino más bien en mirarlo a los ojos y continuar. Siempre participa del círculo alguien con mayor conocimiento, y si no lo hubiere o fuere reconocido con anterioridad, esta encarnación más evolucionada se manifestará ante todos, todos lo reconocerán.

El círculo compuesto de consciencia podrá manifestar en cualquiera de los participantes las aptitudes necesarias para guiar, puesto que el ritual se encargará de que la necesidad colectiva sea satisfecha.

*Hermanos, amigos, los invito a tomar la iniciativa de practicar este ritual en cada oportunidad que se les sea dada, y recuerden que el círculo más poderoso y estrecho se conforma de dos; son esos dos que en un abrazo conforman el círculo más poderoso.*

# EL ARTE DE PRESTAR ATENCIÓN

Para empezar, te despiertas por la mañana y sientes que es un día más, igual que ayer. Las mismas rutinas: te duchas, te cepillas los dientes; todo es igual. Funcionas casi en automático. Luego el trabajo, la casa, las tareas comunes y luego a dormir, para que al día siguiente vuelva a comenzar. Al cabo de veinte años, te estarás preguntando qué fue lo que perdiste. Serán tantos años, tantas semanas, horas y minutos que salir de ese laberinto podría llevarte veinte años más.

Sara: mi vida no tiene sentido, me siento aburrida, ya no quiero vivir.

Sebaji: ¿vivir? ¿Sientes que estás viviendo?

Sara: siento que esto no es vida.

Sebaji: entonces, ¿quieres dejar de vivir o quieres comenzar a vivir?

Sara me observa con un dejo de confusión, esperando que alguien o algo conteste por ella. Se vuelve a formular la pregunta dentro de su cabeza. No es fácil enfrentarnos a nuestras propias creencias y mucho menos ver cómo estas estructuras, que parecen indestructibles, se vienen al suelo, se desmoronan. Mucho costó levantar estas falsas percepciones con cimientos en el dolor y sacrificio como para dejarlas ir tan fácilmente. Tendemos a atesorar incluso los grilletes que nos encadenan al dolor de ser esclavos.

Pero ahí está Sara, intentando recapitular, cambiando de una falsa percepción a una percepción correcta desde el amor. ¿Cuál es la diferencia entre un día y otro cuando al parecer estamos haciendo las mismas cosas?, o peor aún, haciendo, pensando y sintiendo las mismas cosas. ¿Cómo no podría ser real esta experiencia del sinsentido cuando todas las pruebas están a nuestra vista, o mejor dicho, todas las pruebas están desde el irrefutable lado del ego, esa voz que nos dice que no puedo estar equivocado, porque lo que veo, hago y siento no podría ser otra cosa que la verdad y, por ende, yo mismo?

Sara sigue allí sentada, esperando una respuesta, un viento que cambie la dirección de su barca, ya que el rumbo de su vida le es insatisfactorio.

Sebaji: ¿Qué es lo que le falta a tu vida?

Sara: Todo… todo está mal… no siento nada.

Sebaji: Sientes que nada tiene sentido, que tu vida no es nada y vale nada, entonces, ¿a qué te refieres con «todo»? Si no hay nada, ¿qué es ese todo?

Sara: Pues… no lo sé, es como si me hubiera olvidado.

Así como Sara intenta encontrar y recordar, es el sentir de una gran mayoría.

Acompáñame unas líneas más y descubriremos juntos qué es eso que nos falta para percibir el mundo de forma tal que los pensamientos negativos no tengan poder sobre la experiencia. Presta atención, es tan simple como eso, presta atención. Al despertar, observa, contempla, date tiempo para encontrarte en tu ser. Esto es un movimiento consciente, es como si tuvieras el exprimidor de jugos de las frutas más dulces de la vida.

Es cuando prestamos verdadera atención cuando los ojos del alma comienzan a ver los colores, comienzan a ver las sutiles diferencias que hacen de la experiencia de la vida una maravilla. Es cuando prestas atención a los sonidos cuando comienza el disfrute de la música.

Presta verdadera atención y entenderás que la memoria, mal utilizada, solo sirve para reproducir en un bucle interminable la misma cosa carente de vida, y cometemos el error, o la mera distracción, de identificarnos con lo inerte. Es el latir de nuestro corazón un llamado constante al presente, a la experiencia del ahora.

Si estás verdaderamente atento, verás que nada es igual, que no existe un día igual a otro. Si estás verdaderamente atento, las diferencias que hoy pasan desapercibidas serán gigantes, inconmensurables, tanto que sentirás, al final del día, que has vivido muchos días en uno. Y con los años, muchas vidas en una. ¿Nos damos un tiempo al final del día para disfrutar de lo que sea que hicimos? ¿Cuántas cosas en nuestra vida cotidiana son tareas que nos distraen del disfrute? La invitación es a prestar atención a cuánto hacemos durante el día sin siquiera tomarnos el tiempo de disfrutarlas.

# TRASCENDIENDO LA ENSEÑANZA DEL MIEDO

Se trata de recordar. La experiencia del miedo no es inherente al Ser; es algo que nos fue enseñado desde pequeños por una sociedad enferma, producto de una mente demente. Desde las historias infantiles hasta los juegos, estaban y están impregnados de miedo, dolor y sufrimiento.

«Juguemos en el bosque mientras el lobo no está», lo cual podemos interpretar como: «disfrutemos de la vida, de esta aparente alegría y seguridad, tomados de la mano de mis amigos, en presencia de mis maestras del jardín, pero ellas no podrán detenerlo, entiende, el lobo vendrá». El lobo, que todo lo devora, parece ser solo cuestión de tiempo, el tiempo mismo. ¿Divertido? No lo creo. ¿Didáctico? Tampoco.

En esta ronda de amigos, el miedo se disfraza de risa, ansiedad y excitación, creando gran confusión. Lo que es dolor supone diversión, lo que es desesperación supone alegría. Estas experiencias parecen fusionarse y son incorporadas a nuestra psique a lo largo de nuestras vidas.

¿Recuerdan el cuento de Hansel y Gretel? Dos niños abandonados por sus padres por portarse mal, secuestrados por una bruja que los alimentaba y torturaba, esperando que engordaran mientras el caldero alcanzaba la temperatura de cocción.

Luego, de adultos, nos preguntamos de dónde vienen estas ideas de abandono, desesperación y terror. Los ataques de pánico tienen un origen; este origen es ancestral. Cada uno necesita descubrir cuál es la raíz de esta experiencia que se remonta mucho más allá de estas historias, mucho más allá de nuestro nacimiento.

*Este es el viaje al que te invito a participar, el viaje del auto-conocimiento, navegando las aguas del perdón y la compasión en la balsa del recuerdo. Saber quién eres, de dónde vienes, descorrer el velo que parece separarnos de la verdad debe ser tu pasión. La sed de agua te llevará a la fuente, la sed de conocimiento te llevará al saber, la sed de paz marcará la cita ineludible con la verdad que está dentro de ti.*

# LA PAZ ES INHERENTE A TU NATURALEZA

Despertar es darte cuenta de tu capacidad de amar y disfrutar. En el estado de paz, el disfrute es una brisa fresca y perfumada. Si el disfrute no es parte de tu experiencia, estarás experimentando el sinsentido. La paz y el estado de dicha son inherentes a tu naturaleza; saber que eres uno con todo es un regalo que nada ni nadie te puede quitar y la gratitud será una constante.

*La paz no es algo que necesitemos buscar en el exterior; ya reside dentro de nosotros, esperando ser reconocida y vivida. Este entendimiento es la clave para desbloquear una existencia plena y armónica, en la que cada momento es apreciado.*

Al tomar conciencia de esta verdad, comenzamos a ver la vida a través de un nuevo prisma. Los desafíos y las adversidades ya no son obstáculos insuperables, sino oportunidades para crecer y profundizar en nuestro entendimiento de la paz como nuestra naturaleza inherente. En este estado de claridad, la gratitud se convierte en nuestra respuesta natural a la vida, pues reconocemos el valor incalculable de cada experiencia, tanto en los momentos de alegría como en los de tristeza.

La verdadera paz interior surge cuando aceptamos plenamente quiénes somos y reconocemos nuestra conexión intrínseca con todo lo que existe. Esta aceptación nos lleva a experimentar la unidad con el universo, una sensación de pertenencia y de ser parte de algo mucho más grande que nosotros mismos. En este espacio de unidad, el amor y la compasión florecen sin esfuerzo, irradiando hacia fuera y tocando las vidas de quienes nos rodean.

Vivir desde este lugar de paz y conexión nos permite abordar la vida con un corazón abierto, dispuestos a recibir y a dar amor. Descubrimos que la verdadera felicidad no se encuentra en las posesiones materiales o en el éxito externo, sino en la riqueza de nuestras relaciones y en la profundidad de nuestra conexión con la vida misma.

A medida que continuamos en este viaje de despertar a nuestra naturaleza inherente, nos damos cuenta de que cada paso que damos nos acerca más a nuestra esencia verdadera, a esa paz que siempre ha estado dentro de nosotros. Nos volvemos más conscientes de la belleza en lo simple, más presentes en cada momento y más agradecidos por la oportunidad de estar vivos.

En última instancia, el despertar a nuestra capacidad de amar y disfrutar plenamente es el regalo más precioso. Al hacerlo, no solo transformamos nuestra propia vida, sino que contribuimos a la creación de un mundo más pacífico y amoroso para todos.

*La paz es, sin duda, inherente a nuestra naturaleza. Al abrazarla, abrimos las puertas a una vida de profundo significado, alegría y satisfacción.*

# LA IMPORTANCIA DEL ALIENTO

El aliento es vida, el regalo que recibimos una y otra vez, pasando inadvertido la mayoría de las veces. Es tu propio ser manifestándose en el estado de presencia. La belleza observada es tu propia capacidad de apreciarla. Ser conscientes de este acontecimiento marcará la diferencia en la experiencia de estar presente.

Aquí, el esfuerzo no tiene lugar. No es a través del esfuerzo que vamos a realizar esta verdad. Hoy es inevitable que tomes contacto con aquello que nunca has perdido, con aquello que es tu herencia y te pertenece por derecho, por ser quien eres. No falta mucho para que te des cuenta de que has estado buscando aquello que nunca has perdido.

Tomar consciencia es hacer contacto con todo aquello que, por un motivo u otro, sentimos que se escapa de nuestra vida, aquellas experiencias que hoy pueden resultarte ajenas pero son parte esencial de la experiencia de vivir. En estos tiempos, la experiencia de vivir, lejos de seguir un camino que nos gratifica, nos mantiene corriendo detrás de cosas que prometen liberarnos de nuestra vacuidad, de toda carencia y sufrimiento. Un amigo maestro me dijo: «Las cosas más importantes de la vida no son cosas».

Durante miles de años, nos han enseñado que lo divino se encuentra fuera de nosotros, tanto así que el «paraíso» se encuentra en el cielo, alto, celeste e intangible, en definitiva, un lugar inaccesible.

El paraíso parece existir allí donde no podemos llegar de otra forma que no sea la imaginación. Aun así, la promesa encierra en sí una gran falacia, puesto que hay un mensaje subliminal que condiciona nuestra percepción sobre la posibilidad de acceder al reino prometido.

De esta forma, hemos aprendido que todo lo bueno se halla fuera de nosotros, muy alto y a gran distancia. Las religiones nos han inculcado que el mesías era bueno, pero, solapadamente, también nos enseñan que si uno es bueno y humilde a tal punto de que la entrega es total, como la de Jesús, terminarás crucificado. Nos dicen que la retribución a tal obra de bien será el dolor.

Así es que pululan las imágenes de Cristo en la cruz más que como un recordatorio de su amor, como la promesa y advertencia del dolor que nos traería ser como él o tan solo seguir sus enseñanzas. La culpa ha sido estandarte de variadas organizaciones. Es gracias a la identificación con estas emociones y estos pensamientos que el ser humano ha dejado de disfrutar de las cosas más sencillas.

*Al dejar de disfrutar, comenzamos a buscar un sentido a la vida y a nuestra existencia. Esta búsqueda se va transformando, sin darnos cuenta, en un esfuerzo tal que nos agota.*

La búsqueda de la liberación es, sin duda, la meta común y los caminos que se han elegido son variados. ¿Acaso incluso aquel que parece haber elegido un camino equivocado no busca lo mismo que aquel que parece haber escogido el camino correcto? Pero debemos analizar, cada uno por su cuenta, qué es eso de lo cual nos queremos liberar.

La vida en sí no tiene otro sentido que ser vivida, y lo que estamos buscando está más allá de los sentidos. Es tiempo de entender que los sentidos son tan solo una herramienta de la mente. Presta atención y verás que la búsqueda y la incomodidad comienzan en el momento en que has dejado de disfrutar. Para tomar consciencia, no es necesario encontrar nada ni buscar algo. Una acción de la mente en este sentido y dirección solo es un movimiento que proviene de la idea ilusoria del tiempo. El tiempo es ilusión; el ego es tiempo. Sin la identificación de la mente con el ego, el tiempo deja de existir. Sin el tiempo, deja de existir el ego, prevaleciendo el ser en su experiencia directa o la experiencia en sí misma.

Claro está que todo en este mundo es una herramienta y objeto de distracción. Pero benditos son aquellos que nos ayudan a recordar que no somos cosas y nos muestran que la doctrina de la cosificación es solo otra estratagema del ego para su perpetuidad.

**En el viaje hacia el autoconocimiento claro está que, encontramos múltiples distracciones que pretenden alejarnos de nuestra esencia más pura. Estas distracciones, disfrazadas de necesidades impostadas por la sociedad y el ego, nos mantienen en un estado de búsqueda constante por algo que, en realidad, ya poseemos.**

*El reconocimiento de que la paz, la dicha y la plenitud son cualidades inherentes a nuestro ser, y no algo que debemos adquirir, es el primer paso hacia una liberación verdadera.*

Nos enseñan a mirar hacia afuera en busca de salvación, éxito y validación, cuando en realidad, todo lo que necesitamos se encuentra dentro de nosotros mismos. Es en la quietud y el silencio donde comenzamos a oír la voz suave pero persistente de nuestra verdadera naturaleza, guiándonos hacia una vida de mayor autenticidad y significado.

Despertar a esta realidad nos lleva a cuestionar las estructuras y creencias que han definido nuestra existencia. Comenzamos a ver cómo el miedo, la culpa y la inseguridad han sido herramientas utilizadas para mantenernos en un estado de sumisión y desconexión de nuestro poder interior.

La práctica de la atención plena se convierte en una poderosa aliada en este camino. Al ser testigos del momento presente, nos liberamos de las cadenas del pasado y las preocupaciones del futuro. Aprendemos a observar nuestras experiencias sin juicio, reconociendo que cada instante ofrece una oportunidad para el crecimiento y la expansión de nuestra consciencia.

En este estado de presencia, la gratitud fluye naturalmente. Nos maravillamos ante la simplicidad de la respiración, el milagro de la vida en todas sus formas y la interconexión de todo lo que existe. La gratitud se convierte en una forma de vida, coloreando nuestras experiencias con tonos de aprecio y amor.

La verdadera liberación se encuentra, entonces, en el reconocimiento de que somos mucho más que nuestras mentes y cuerpos. Somos expresiones únicas del universo, eternamente relacionados y comunicados con la fuente de toda creación. Al recordar quiénes somos realmente, nos abrimos a la posibilidad de vivir una vida plena, donde cada paso es un acto de amor, cada respiración un recordatorio de la divinidad en nosotros.

Invito a cada persona a embarcarse en este viaje de autodescubrimiento, a desafiar las limitaciones impuestas por el ego y a abrazar la infinita sabiduría que reside dentro. Al hacerlo, no solo transformamos nuestras propias vidas, sino que también contribuimos a la creación de un mundo más compasivo y consciente.

*La paz, la dicha y el amor no son metas a alcanzar, sino realidades a vivir. En el arte de prestar atención, descubrimos que el regalo más grande es, y siempre ha sido, nuestra propia presencia.*

# SOBRE EL EGO Y EL TIEMPO

Dejé de identificarme con los pensamientos y se dio el espacio para una nueva interpretación. No tardó en llegar una nueva percepción sobre el tiempo, la vida y lo importante de un nuevo orden de prioridades.

Trabajando como taximetrista en la ciudad de Montevideo, se me presentaba la oportunidad de compartir charlas con diversas personas todos los días. Así fue que de conversación en conversación y de persona en persona, era claro que uno de los principales problemas es que existe un orden de prioridades disfuncional. La prioridad es llegar temprano al trabajo, pero sin saber para qué. La prioridad es ganar dinero, para luego ser feliz. La prioridad parece ser todo menos nosotros y lo que nosotros necesitamos. Le pregunté a un niño:

—¿Por qué estudias tanto y tan duro?

—Estudio para recibir una buena educación, para poder tener un buen trabajo, ganar dinero y poder ser feliz.

Le dije que me parecía bien, solo que cambiaría el orden a esas prioridades. Es decir, ya desde muy chicos nuestras prioridades son impuestas por un sistema enfermo producto de una mente disfuncional. La ilusión del tiempo, el entendimiento y la aceptación de la no dependencia del Ser en lo relacionado con el tiempo psicológico fue, por aquel entonces, un antes y un después, valga la gran contradicción de la frase. Al dejar de percibir el tiempo dentro de un principio y un final, una nueva forma de percibir lo atemporal del Ser fue impregnando mis pensamientos.

El tiempo es una ilusión en la cual el ego ha encontrado su guarida. El ego, a su vez, es la guarida del tiempo. Es importante ver esta codependencia para así liberarnos de esta disfunción tan condicionante. La existencia es solo un producto de la mente;

de esta forma, se puede decir que Dios no existe porque no está dentro del plano de la existencia y, por lo tanto, del tiempo. Yo soy... es atemporal.

Al comenzar a experimentar paz en nuestras vidas, visitando cada vez que sea posible nuestro jardín interior, al ir tomando contacto con eso que está más allá de la existencia y del tiempo, comenzaremos a vivir desde una percepción correcta, mientras sea necesario para nuestro aprendizaje.

Luego de tomar conciencia de la codependencia entre el ego y el tiempo, comencé a explorar más a fondo el concepto de la existencia y la percepción del Ser. Me sumergí en un viaje de autoconocimiento y espiritualidad que me llevó a descubrir nuevas perspectivas sobre la vida y la realidad.

*Una de las revelaciones más impactantes fue comprender que nuestra percepción del tiempo está estrechamente ligada a nuestro sentido de identidad, al ego.*

Mientras más identificados estemos con nuestro ego, más nos aferramos al pasado o nos preocupamos por el futuro, dejando escapar la oportunidad de experimentar plenamente el presente, el único momento verdaderamente real.

A medida que profundizaba en mi práctica espiritual, aprendí a liberarme de la ilusión del tiempo y a vivir en un estado de presencia consciente. Esto significaba dejar de lado la preocupación por el pasado y el futuro, y enfocarme en el aquí y ahora, donde la verdadera paz y felicidad residen.

En mi camino hacia la comprensión del Ser, también descubrí la importancia de cultivar la gratitud. A medida que dejaba ir las limitaciones impuestas por el ego, experimentaba una sensación de relación profunda con todo lo que me rodeaba. Comprendí que somos parte de un universo interconectado y que cada experiencia, por dolorosa que pueda parecer, es una oportunidad para crecer y expandir nuestra conciencia.

Ahora, al mirar hacia atrás en mi viaje espiritual, puedo ver claramente cómo la liberación del ego y la percepción atemporal del Ser han transformado mi vida.

*En última instancia, comprender la naturaleza ilusoria del ego y del tiempo nos llevará por diferentes estados de libertad y realización. Ahora sé que la verdadera felicidad no se encuentra en logros externos o en la búsqueda interminable de placer, sino en la aceptación plena de quien soy en este momento.*

Este es el regalo más precioso que he recibido en mi viaje espiritual, y estoy agradecido por cada paso del camino que me ha llevado a este momento de plenitud y paz interior.

# EL MUNDO REAL Y EL MUNDO IRREAL: LA AMALGAMA IMPOSIBLE

El mundo irreal es aquel que experimentamos a través de los sentidos. Y, a su vez, estos sentidos son igualmente irreales. Sin embargo, es oportuno afirmar que el mundo que percibimos con los sentidos, el mundo que observamos y construimos desde el condicionamiento, el miedo y el ego, es tan lógico como el «mundo real».

El mundo real y su lógica jamás podrán amalgamarse con la lógica del «mundo irreal». En el mundo irreal, la muerte es una opción, mientras que en el mundo real, la muerte es desconocida. Lo mismo ocurre con el dolor, el sufrimiento, el miedo, etc.

Es posible que, en tu camino hacia el Despertar, en el cual tu visión comenzará a pasar de los ojos del cuerpo a los ojos del ser, surja la idea de querer unir estos mundos como una acción a llevar a cabo. Sin embargo, esta acción sería en vano, ya que la realidad no puede fusionarse con la irrealidad, así como el fuego no puede tocar el agua sin desaparecer, y la oscuridad no puede existir en presencia de la luz.

Veamos al mundo real como aquel que se experimenta desde la gracia, y al mundo irreal como aquel que se experimenta al regresar del estado de gracia para compartir la visión y así extender este conocimiento. Esto sería un acto amoroso en consonancia con el plan Divino.

Intentar cambiar el mundo y detener las guerras, acabar con el hambre y la miseria, terminar con la enfermedad y el sufrimiento universal, y lograr la paz exterior también es una trampa.

El ego intentará poner la carreta delante de los bueyes, sin tener en cuenta la sencillez que implica esta consigna del retorno.

Porque regresar a nuestra esencia es, sin duda, una prioridad. Queremos llevar la paz a este mundo sin conocernos a nosotros mismos. Queremos cambiar desde la misma estructura que nos ha llevado a este pensamiento disfuncional. La mente y los pensamientos están atrapados en una estructura que opera dentro de los parámetros del miedo, la ansiedad, el futuro y el pasado.

Anhelar llevar la paz a este mundo es un impulso natural. Estamos hablando de que nosotros, cada uno de los seres humanos, necesitamos experimentar la paz en nuestras vidas; una paz que ya está dentro de cada uno de nosotros. La paz en el mundo está bien, pero comencemos por crear un pequeño paraíso a nuestro alrededor.

Crear el paraíso a nuestro alrededor es posible, siempre y cuando estemos en contacto con nuestro corazón, con nuestro ser. Si partimos de esta experiencia, veremos que en realidad no estamos creando nada, porque todo ya está creado; la paz no necesita ser creada.

La tarea es abocarnos al conocimiento de nosotros mismos, disfrutando de cada paso, de cada aliento, viendo y viviendo en el día a día la maravillosa oportunidad de sumergirnos cada vez más profundo en la experiencia del ser, en la experiencia de paz que nos es inherente.

*Liberarnos de la ilusión del mundo irreal y reconocer la verdad del mundo real es un proceso profundo y transformador. Requiere un cambio en la percepción, un despertar de la conciencia que nos lleva más allá de las limitaciones impuestas por el ego y el condicionamiento social.*

Cuando empezamos a cuestionar las creencias arraigadas y a explorar nuestra verdadera naturaleza, nos damos cuenta de que el mundo irreal, el mundo de las apariencias y las ilusiones, no tiene el poder que creíamos. Comprendemos que la verdadera paz y la felicidad no están condicionadas por las circunstancias externas, sino que residen en nuestro interior, en el Ser eterno que somos más allá de la mente y el cuerpo.

Este despertar nos permite vivir desde un lugar de amor y comprensión, donde nuestras acciones están guiadas por la sabiduría interior en lugar del miedo y la separación. Nos convertimos en agentes de cambio conscientes, no tratando de cambiar el mundo externo a toda costa, sino llevando la luz de la conciencia a cada situación y relación en la que nos encontramos.

A medida que nos adentramos en este viaje de autodescubrimiento y transformación, nos convertimos en faros de paz y amor en un mundo que tanto lo necesita. Nuestra mera presencia irradia una energía sanadora que inspira a otros a despertar a su verdadero ser y a vivir desde la verdad y la autenticidad.

Es importante recordar que este proceso no es lineal y que puede haber desafíos en el camino. Sin embargo, cada obstáculo es una oportunidad para crecer y aprender más sobre nosotros mismos y sobre la naturaleza de la realidad. Con paciencia y compasión hacia nosotros mismos y hacia los demás, podemos seguir avanzando hacia una vida de mayor plenitud, paz y alegría.

# LA DICHA Y LA PAZ, EL PERFUME MÁS DULCE DE LA CREACIÓN

La posibilidad de abrazar el bienestar y experimentar aquello que está más allá del cuerpo y de la ilusión es, de hecho, lo que buscamos de forma consciente o inconsciente. La dicha y la paz son el perfume más dulce de la creación; no requieren de tiempo ni esfuerzo, tan solo un pequeño movimiento de nuestra atención. Puesto que allí donde llevemos nuestra atención, estaremos depositando nuestro poder.

Es sorprendente, pero sucede que gran parte de la humanidad duda de la posibilidad de estar bien y de sentirse a gusto con la experiencia de vivir. Entender cómo nos hemos alejado de nuestro propio ser, o, mejor dicho, cómo hemos caído en esta ilusión, puede iluminar el camino de regreso y, al final, el reconocimiento y descubrimiento de que fue una idea imposible creer que pudimos habernos separado.

*Experimentar la paz es un camino sin tiempo ni distancias que nos separen de esta experiencia divina. La paz y la dicha, la liberación y la salvación son brotes que surgen del perdón que te estás negando momento a momento.*

La culpa es el lastre que castiga, poniendo un velo entre tú y la verdad. Si tan solo aceptases la ilusión de las fabricaciones del ego, ese velo desaparecería, porque al igual que su hacedor, es tan solo otra ilusión en la que has elegido creer. De este modo, veremos también que sentirnos separados del ser es parte del engaño. ¿Cómo podríamos estar separados de lo que realmente somos?

A la felicidad se le adjudica una categoría que pareciera estar por encima de todo. Para el ser humano, o para la mayoría de los seres humanos, la felicidad depende de muchos factores, como puede ser lo económico, el estatus social, el poder o la dependencia de la felicidad del otro, ya sea esposa, esposo, hijos, etc.

No deja de ser cierto que la felicidad es directamente proporcional a la percepción que tenemos del mundo que nos rodea y de las circunstancias que nos atañen más directamente. La percepción errónea que nos hace vivir el pecado original es la misma que crucifica al Cristo momento a momento, y así perpetúa nuestra condición de culpables y pecadores, que la humanidad viene asumiendo como verdadera desde hace miles de años.

Por esta razón, la felicidad está sujeta a una ley que nos pone en el extremo opuesto a la tristeza, y estos estados fluctúan. Nuestras proyecciones parecen ser reales, pero ¿cómo puede ser real aquello que cambia de un momento a otro? Parece ser que la felicidad y la tristeza son polos opuestos de la misma energía.

Ahora bien, la buena noticia es que la felicidad es tan solo una emoción, es lo opuesto de la tristeza, y estos estados fluctúan constantemente dependiendo de cuánto nos identifiquemos con uno u otro. Este es el vértigo que la personalidad nos hará experimentar. Lo que nos proponemos hallar es eso que trasciende la dualidad, y este estado es el estado de paz que solo puede ser aquí y ahora.

Eso que hemos equivocadamente llamado felicidad es un estado transitorio y efímero del cual hemos escuchado decir a ciencia cierta que es pasajero, momentáneo. Está en dependencia de la película mental que creamos nosotros o que alguien más invente para nosotros y decidamos creer. Esta no puede ser la felicidad que buscamos, no puede ser dependiente de nuestro condicionamiento.

Sucede que estamos deprimidos, aparece alguien y nos cuenta una historia diferente de nuestras vidas con referencias precisas a las circunstancias. Entonces, con palabras e imágenes mentales hacen un recuento de todo por lo que deberíamos ser felices.

Esto no funciona, o solo tendrá un efecto de muy corto plazo. Mientras nuestro estado de bienestar esté en dependencia de la película mental que estemos desarrollando, este será efímero como el mismo pensamiento que lo creó. Recuerdo, en momentos de crisis, veía cómo mi estado de ánimo cambiaba drásticamente dependiendo de cómo armaba y editaba las imágenes en mi mente.

Claro está que el desgaste de energía es increíble, una lucha sin cuartel que solo sirve para exacerbar nuestra percepción errónea y ponerla en un pedestal desde el cual rige nuestras vidas, olvidando así la importancia de recordar quiénes somos y adjudicándole poder a la ilusión.

La mente dice: «Tengo que ser feliz porque tengo esto, esto otro y aquello. Tengo que ser feliz porque soy esto y esto otro», y mucha gente lo cree así.

Para la mente egoísta, es fácil decir cualquier cosa. Pero lo fundamental está siempre ahí para mostrarnos lo ilusorio. Lo fundamental es aquello que nos mantiene en contacto con eso que va más allá del pensamiento y de lo cual el pensamiento huye como la oscuridad huye de la luz.

*En lo profundo de ti, ni lejos ni cerca, ni arriba ni abajo, ni tar-*
*de ni temprano, se encuentra esta experiencia en donde la noche*
*y el día son uno solo y el fin de los opuestos se manifiesta con tal*
*intensidad que la sonrisa más hermosa será en tu cara la clara*
*muestra de la luz que hay en ti.*

Quiero tan solo, para poder diferenciar y expresarme al respecto, marcar una diferencia entre la felicidad y la dicha, viendo a la dicha como esa experiencia libre de todo juicio.

La dicha es el estado puro de la existencia, una experiencia que trasciende las fluctuaciones emocionales y las circunstancias externas. Mientras que la felicidad puede depender de condiciones externas y fluctuar según las situaciones, la dicha es un estado interno que no está sujeto a las influencias externas.

Buscar la dicha implica un cambio de enfoque, alejarse de la búsqueda constante de placer y satisfacción en el mundo exterior para dirigir la atención hacia el interior. Es un retorno a la fuente de la verdadera paz y plenitud que reside en nuestro ser y que es la manifestación del Ser.

Para experimentar la dicha, es necesario cultivar la comunicación con nuestro ser interior, liberándonos de las identificaciones egoicas y las limitaciones mentales. Requiere un proceso de desapego de las ilusiones que nos mantienen atrapados en la rueda del sufrimiento.

La dicha no se encuentra en la acumulación de bienes materiales ni en la búsqueda de la aprobación externa. Es una experiencia que surge cuando nos alineamos con nuestra verdadera naturaleza y vivimos en armonía con el flujo de la vida.

*Al reconocer que somos seres espirituales teniendo una experiencia humana, podemos trascender las limitaciones del ego y acceder a un estado de paz y plenitud que va más allá de las circunstancias externas.*

El perdón desempeña un papel fundamental en el camino hacia la dicha. Al perdonarnos a nosotros mismos y a los demás, liberamos la carga del pasado y abrimos espacio para la gracia y la alegría en nuestras vidas. Comprender esta herramienta, que es el perdón y su naturaleza, resulta hoy necesario, imprescindible.

La dicha es un estado natural del ser que podemos experimentar en cualquier momento, cuando nos rendimos al momento presente y nos abrimos a la belleza y la maravilla de la vida tal como es.

*Así, mientras la felicidad puede ser fugaz y efímera, la dicha es eterna y omnipresente, esperando ser descubierta en el santuario silencioso de nuestro corazón.*

# LA COMPASIÓN, UN BÁLSAMO DIVINO

*El camino de la compasión y el perdón es un bálsamo exquisito que vamos descubriendo al internarnos en las aguas cristalinas de la fuente de nuestro ser. Descubriendo la compasión por nosotros mismos.*

A lo largo del día se acumulan pensamientos y emociones. Cosas que juzgamos hacemos bien y no tan bien... Así es que a lo largo de una vida muchas veces nos sentimos acongojados, presos de un pensamiento, una emoción. En ocasiones no sabemos de dónde vienen y hacia dónde van. Nos quitan la tranquilidad, el sueño, la salud y hacen del momento una experiencia miserable.

Existe y sucede en el mejor de los casos la posibilidad de relacionar ese sentir con un hecho específico. En otros momentos tan solo sabemos que nos sentimos mal, angustiados y algunas veces desesperados, sin salida. Al llegar el momento de ir a la cama, lo que debería ser conciliar un sueño reparador se transforma en un contar los segundos y minutos, horas sin dormir, nos encontramos con una rueda que sigue dando vueltas en nuestra cabeza. Inmersos en una corriente de pensamientos repetitivos que nos quitan la energía, inclusive aquella energía que es necesaria para descansar.

Intentar detener este flujo de pensamientos, esta energía-pensamiento-cuerpo, es sin lugar a duda querer apagar el fuego con alcohol… la mente no puede detener a la mente desde la percepción errónea. Se requiere un cambio de percepción; lo que genera el problema no puede traer la solución. No es su naturaleza. En mi experiencia, solo la compasión actúa como un bálsamo que puede dar tregua.

El perdón surge en base a una necesidad, en base a una distorsión, y fue creado desde el mundo real, mas no tiene cabida en él, puesto que el perdón es una herramienta de la correcta percepción para eliminar la culpa y erradicar la creencia de que tus pensamientos pueden atacar a tu hermano. Este es, sin duda, un mundo descabellado.

Solo perdonando y perdonándote podrás ver cuán oscuras y carentes de sentido son tus proyecciones, entendiendo a las proyecciones como las fabricaciones del ego. A medida que comprendes la naturaleza de estas proyecciones, de estas distorsionadas fabricaciones del ego y de lo distorsionado del ego en sí mismo, podrás ver que incluso el perdón es parte de una distorsión, siendo que no se puede perdonar lo que es irreal porque en última instancia lo irreal nunca sucedió.

Tengo presente que llegar a este entendimiento no es tarea fácil y que seguramente requiere de un abordaje más profundo y desde múltiples o infinitos puntos. Aun así y como dije al principio estoy tranquilo porque la semilla está bajo tierra y la iremos regando a su momento, hasta que los brotes se manifiesten. Paz-Ciencia.

*Lo que me produce malestar no son los pensamientos, sino identificarme con ellos.*

El mundo interno es rico, es un lugar donde no hay lugar... Sucede en el no tiempo y en el no espacio, y no es carente ni lleno... Definirlo es acotarlo... No obstante, se experimenta como flotar en un mar de tranquilidad... Un mar de agua tibia... Donde no existe la sed ni el hambre... Un lugar de no-necesidad... Completo... Un lugar de no pensamiento y no-deseo. La esencia de la paz, la paz misma... Su manifestación más íntima.

Como lo expresa Mooji: «Tanta paz, tanto amor, tanto disfrutar, tanto espacio».

La paz está dentro de ti.

A partir de la experiencia de la paz, la cual es inconfundible, se manifiesta sin esfuerzo alguno la maravilla y el milagro de la vida ante los ojos del ser. Vamos ahora a profundizar para así comprender cuál es nuestra función en este proceso de recordar quiénes somos, que, en definitiva, es lo que significa nuestro camino de retorno.

La paz no es una consecuencia de algo, tampoco es el resultado del cese de la guerra. La paz no es la no violencia ni la práctica de algo; la paz está dentro de ti y siempre lo estará. Buscarla es una pérdida de tiempo, es como buscar algo que no has perdido. Buscarla es indigno, pero saber de ella es primordial. Buscar tiene que ver con la creencia, ser y estar tiene que ver con el saber.

Si estás disfrutando, no hay apuro. El disfrute solo puede ser en el ahora. Nunca nada puede ser mejor que el ahora porque este es lo único que puede proporcionarnos la experiencia del ser. No es sino hasta que comenzamos a sentirnos presentes que podemos ser conscientes del disfrute. ¿Qué nos separa de esta experiencia? Pues nada... Los conceptos como el tiempo y la distancia son tan solo hologramas que, de forma intangible, se manifiestan y captan nuestra atención para así distraernos de la verdad. La verdad es que nada nos separa de la alegría y la paz que nos son inherentes; nada nos separa de nuestra esencia porque fuera de nosotros nada es verdadero.

Si se está disfrutando, no hay apuro. Esto significa que, en el disfrute, el tiempo desaparece, aunque ¿cómo podría desaparecer algo que nunca existió? Lo que sucede es que, en el estado de presencia, que es atemporal, no es el tiempo lo que desaparece, sino que nuestra percepción sobre este es corregida. Por lo tanto, si se percibe de forma correcta, el disfrute es inevitable. En definitiva, es un cambio de percepción.

*Un curso de milagros* (1976) dice: «Nada real puede ser amenazado. Nada irreal existe. En esto radica la paz de Dios». Existe la posibilidad de estar bien. Existe la posibilidad de traer paz a tu vida, y esto es independiente de las circunstancias.

La atención y la contemplación de los procesos mentales y los pensamientos, procurando no distraernos, crearán la brecha. El instante en el cual contemplamos dicho proceso y lo que sea que esté sucediendo será una experiencia consciente.

Sucede que existe la tendencia a distraernos de la realidad, y es así que, al llegar pensamientos que no están siendo contemplados, los dejamos pasar y encarnar en emociones que nos provocan dolor, ira, angustia, soledad. Veamos entonces que siempre que una emoción nos sorprende, es debido a un pensamiento que encarna en una emoción, un pensamiento del cual no fuimos conscientes.

En la medida que tomamos consciencia de que, previo a una emoción, hay un pensamiento que la provoca, nos será más difícil identificarnos con la emoción y más fácil convocar otro tipo de pensamiento.

De esta forma, poco a poco, iremos tomando consciencia de la naturaleza del pensamiento y del ego. Este es el camino a un entendimiento vivencial. Sin lugar a duda, al autoconocimiento. Conocernos a nosotros mismos es el principio y el fin: principio de la dicha y fin del sufrimiento. Escucho decir: «Es muy difícil estar bien», pero es ilógico, puesto que es más difícil estar mal. Es decir, transitar por este mundo con alegría y sintiendo paz es mucho más fácil que hacerlo sintiendo dolor.

Muchas veces, vemos que estamos sufriendo solo porque olvidamos que podemos estar contentos, y es necesario que alguien nos lo recuerde. ¿Acaso no está ahí toda la intención de este libro? Toda la intención está puesta en el simple acto de recordar. ¿Qué otra cosa es volver?

# LA RELIGIÓN DEL CONSUMO

La religión del consumo, la más publicitada y extendida en el mundo, no aguarda un mesías ni un salvador, ya que ella misma encarna la falsa salvación. Llena de adeptos y adictos que portan su proclama con resignado orgullo, esta religión vende el cielo y obsequia el infierno. Sin embargo, no puedes tener uno sin el otro; una y otra vez, te llevará de una «felicidad» irreconocible al banquete predilecto del ego: la desdicha.

Sus pastores son adiestrados desde muy jóvenes, y sus seguidores, gente muy aplicada, fieles a toda necesidad inventada. «Puedes adquirirlo ahora», te dicen, y así embargan tu vida para siempre.

La humanidad actualmente experimenta un sentimiento de carencia que es intrínseco a la naturaleza del ego. Este obtiene su identidad a través de la identificación con la «forma»; el ego es la identidad, el recipiente que nunca puede ser llenado. La «forma» es la ilusión y la promesa del placer; el ego es miedo y carencia, y la «forma», su alimento. El ego, hambriento de «forma», experimenta el «sinsentido» dado que la experiencia de separación es la ilusión de su existencia. Así, el ego es separación, es la resistencia a la verdad.

El sistema, claro está, aprovecha este conocimiento y utiliza esta «carencia». Este vacío que experimentamos nos impulsa a crear nuevas necesidades, irreales e inexistentes, las cuales son dotadas de realidad en el instante en que depositamos en ellas nuestras creencias.

*Mientras estemos identificados con los pensamientos y objetos que nos prometen una vida mejor y mayor felicidad, estaremos postrados ante falsos ídolos, y nuestro sentimiento de soledad y separatividad seguirá creciendo.*

Mientras la percepción errónea y el ego, los creadores de este mundo ilusorio, y la mente se identifiquen con ellos, es inevitable que continuemos manifestando un mundo de sufrimiento. Amigo mío, estamos frente a la cosificación del ser humano. El sufrimiento y la ilusión como sustitutos de la percepción correcta. ¿Puede haber algo más demente que esto?

Quizás no creas que alguien pueda llegar a considerarse un objeto. ¿Acaso no has escuchado frases como «Se me rompió el auto, me cortaron la luz», como si de un brazo se tratara? ¿Qué sucede cuando comenzamos a vivir como si las cosas fueran parte de nosotros?

De alguna manera, nos han convencido de que la felicidad depende directamente de cuán exitosos somos en la vida y, a su vez, de cuánto hemos logrado acumular, partiendo de una idea distorsionada de lo que significa el éxito.

La acumulación puede ser tanto material como intelectual. Cuanto más conocimiento tiene alguien sobre algún tema o cuántos más objetos posee, tendemos a creer que es una persona exitosa y, por lo tanto, feliz.

Así es que a esta religión del consumo solo le interesa que compres, poseas y acumules. Lo que, inevitablemente, te llevará al sufrimiento que significa estar apegado a los objetos a los cuales impregnarás con tu sentido de identidad. De esta forma, por la ilusión de poseer, sufrimos. Sufrimos porque nos sentimos poseídos por los mismos objetos que creemos nos pertenecen.

Este sentido de identidad es ilusorio; el ego vive en y de esa ilusión. El ego es un barril sin fondo al que nunca nada le será suficiente; por lo tanto, siempre habrá un auto más caro, un televisor más grande y un reloj más lujoso.

Se ven propagandas en la televisión que llegan de forma masiva a todas las clases sociales. Artículos de lujo que solo llegarán a una ínfima parte de la sociedad. ¿Cuál sería el sentido de mostrar estos artículos a las masas cuando solo el 1 % o menos de la población sería capaz de adquirirlos?

Es sencillo, para que algo tenga un determinado valor, es necesario que mucha gente lo crea así, incluso aquellos que no puedan adquirirlo. La clave es que, para que el ego satisfaga algunas de sus oscuras necesidades, es necesario que funcione el mecanismo de comparación: «yo soy más que tú», en función de lo que «poseo». Este es uno de los aspectos más destructivos del ego. En su nefasta lógica, de nada le sirve tener un reloj de oro y diamantes si nadie puede reconocerlo.

*Acompáñame en este recorrido por mi sentir; quizás juntos, sentados frente al escaparate de tantos artículos que nos prometen liberarnos del dolor, podremos reírnos el uno del otro y ver que fue solo una pequeña distracción. Podremos, en los ojos del otro, apreciar lo verdadero, la realidad de nuestra naturaleza más allá de los sentidos.*

# MORFEO

$M$orfeo le muestra a Neo dos píldoras: una lo hará despertar de su sueño, la otra lo dejará tal cual se encuentra. En la película *Matrix*, parece no haber elección y, mucho menos ante los ojos del espectador, ya que todos esperan que opte por «despertar», lo cual hará la película más entretenida. Ante los ojos de un buscador, también parece ser una decisión fácil.

Pero, ¿qué sucede cuando esa misma píldora se te es ofrecida una y otra vez a lo largo de tu vida? Porque esa misma píldora, pero aún más poderosa, se nos ofrece de instante en instante y, así mismo, es rechazada una y otra vez.

Esta píldora ha estado a tu disposición desde siempre y lo seguirá estando hasta el fin de los tiempos. Al crearse el tiempo y el mundo tal y como los ojos del cuerpo lo ven, al mismo tiempo se creó la posibilidad de percibir de forma correcta. Hay una marcada tendencia a desechar lo simple y a restarle importancia a lo que ya está ahí a nuestra disposición.

*Es el ir y venir de tu aliento la oportunidad y posibilidad de experimentar el momento presente.*

# SIN RAZÓN APARENTE

El estado de dicha nos llega sin razón aparente. No es necesario que la mente esté catalogando un hecho en particular; es tan solo un estado de gozo sin razón. De hecho, la razón no tiene nada que ver con esta experiencia. Claro está que puede haber factores que ayuden y precipiten estos estados, como la invocación silenciosa de tu ser. Una hermosa flor, un amanecer, la mirada de un niño o el movimiento de un árbol con el viento pueden ser detonantes.

De todas maneras, esto no es lo más importante. ¿Es bella una flor? ¿Es bello un atardecer? ¿El mar? ¿El campo? ¡Pues no! ¡Claro que no! Lo bello, lo realmente bello, es tu capacidad de ver y experimentar esa belleza. Lo bello siempre has sido tú.

Miro un atardecer, en esos momentos después de que el sol ya no se divisa. El color del cielo, las nubes acuareladas despiertan en mí un estado de dicha increíble. Cuando volvíamos del colegio con mis hijos pequeños, era esta hora magnífica en la cual la luz del sol pintaba el cielo de diferentes colores y las formas vivas se movían. Cada vez, yo les decía: «Miren el cielo, miren los colores, véanlo porque así como lo están viendo ahora, así nunca lo volverán a ver». Era esto una comprensión desde un estado de dicha. Claro que, al repetirlo todos los días, ellos comenzaron a terminar la frase antes que yo, en tono irónico. Así son los niños.

*Al mirar la belleza con los ojos del corazón, uno ya no experimenta desde el conocimiento. Todo lo contrario, en el estado de dicha la belleza nace en nuestro interior, se refleja en el exterior y vuelve para alimentarnos otra vez en un círculo maravilloso de dar y recibir.*

El exterior es, en esos estados y sin lugar a duda, un real reflejo de nuestro ser interior. Por lo tanto, no estamos viendo el atardecer o la flor; nos estamos viendo a nosotros mismos en toda nuestra gloria y esplendor. Es la maravilla de la experiencia directa, sin juicio.

Cuando sientes sed, buscas la fuente que sabes está ahí; el agua no se ha perdido, está ahí, siempre estará. Lo que realmente necesitas para encontrar el agua es la sed; lo que realmente necesitas para estar en paz es la sed de paz. Entonces, busca la sed de paz, y esta te llevará a disfrutar del regalo más maravilloso de la creación.

La sed ha estado siempre ahí, así como también el agua; una no existe sin la otra. ¿Puedes ver esto? Así mismo sucede con la paz. Encuentra tu sed. Has estado distraído y dormido durante mucho tiempo, te has distraído una y otra vez, tanto así que te has olvidado incluso de ti. Es solo eso, un pequeño olvido de un momento a otro y de momento en momento, te has alejado de la sed primordial.

Sin embargo, esta distancia no deja de ser solo una idea, una ilusión. No hay distancia entre tú y tu creador. ¿Qué distancia puede haber entre el ser y el Ser? No hay distancia ni tiempo que te separe de aquello que realmente eres.

*La belleza observada es tu capacidad de apreciarla, y esta, a su vez, es solo un producto de la percepción. Desde los ojos del ser, ya no verás ni lindo ni feo, ni malo ni bueno. Sin atributos, contemplarás la maravilla que nunca tuvo principio y, por lo tanto, no tiene final. Es vida.*

# SOÑAMOS QUE VIVIMOS

Estar «solos» es una gran oportunidad para inquirir e indagar en lo más profundo de nosotros mismos. Las personas están experimentando una gran soledad. La magnitud de esta experiencia no tiene parangón, las personas no saben por qué ni para qué viven, y más claro aún, una gran cantidad ni siquiera desea vivir. La diferencia entre estar solo y sentirnos solos es lo que determina si estás presente. Estar solos es una oportunidad para aprender sobre nosotros mismos en el marco del tiempo. Sentirnos solos puede convertirse en un padecimiento con resultados conocidos: depresión, angustias y un largo etcétera.

La soledad puede enseñarnos que es algo indeseable a un costo muy alto. Por lo tanto, amigo mío, debes saber que nunca estás solo; percibir de forma errónea es el único camino hacia la soledad. Pero ¿cómo caemos en estados tan sombríos? ¿Cómo es que la oscuridad parece ganar terreno en nuestros pensamientos y emociones?

Muchas veces, creemos que estamos involucrados en alguna actividad, aunque lo que realmente sucede es que hemos activado el piloto automático. De esta forma, nuestra nave surca los cielos a gran velocidad, mientras vemos las nubes aparecer y desvanecerse, estas nubes son sueños, pensamientos, sentimientos y emociones, caemos en un profundo sueño de aparente comodidad.

Asimismo, con los ojos abiertos, nos hemos descubierto soñando con otro lugar o circunstancia. Sentados a la mesa del desayuno con la taza entre las manos, pero la mente divagando y soñando en otro tiempo, pasado o futuro. Está de más decirte los peligros que encierra un segundo de distracción en nuestras vidas. Son en estas distracciones cuando la palabra inapropiada sale de nuestros labios y las acciones incorrectas se apoderan de nuestras manos.

El estado meditativo no es soñar; en la meditación no se pierde la consciencia, aunque muchos se inician en dichas prácticas como una forma de evasión. La meditación es un estado de alerta y contemplación del verdadero movimiento. Por eso, la meditación es el movimiento consciente de alcanzar la verdad que es estática.

Proyectada al pasado o al futuro, intentando resolver antiguos conflictos o futuros problemas, la mente divaga. Soñando es como nos perdemos del momento presente, del Ahora. La ilusión es una forma de evasión. Pero ¿de qué nos evadimos? Si el estado de presencia es nuestra naturaleza, ¿por qué escapar del aquí y el ahora si es en el presente donde sucede la maravilla?

La respuesta es simple: no eres tú quien se escapa, sino el ego en su continua lucha por subsistir. Es una idea, un pensamiento con el que te identificas, una idea que está muy alejada de la verdad. Esta idea que tienes de lo que crees ser no puede existir en el momento presente ni ante la luz de tu esencia. Por lo tanto, necesita invitarte constantemente a que te olvides de ti y de tu naturaleza, te incita a la distracción; tu atención se diluye en pensamientos y deseos, imágenes y sensaciones.

Todo este mundo no es más que una máquina de generar ilusiones para alejarte de la paz y la alegría, de la toma de consciencia de ser quien realmente eres.

¡Vuelve! No te dejes arrastrar por la tormenta de pensamientos. Vuelve lo antes posible del sueño soñado en cuanto te percates de la ilusión. Vuelve y verás que fue un viaje jamás iniciado. Poco a poco, la ilusión cederá; poco a poco, verás que la disolución de la ilusión no es una amarga experiencia, sino todo lo contrario.

*No temas a la desilusión. ¿Acaso no fue siempre ella quien abrió tus ojos y reveló el engaño? Sé valiente y abraza la desilusión, que no es más que la muerte de lo falso, y verás que lo contrario a la ilusión es la dulce realidad que despeja el cielo de tu vida. La verdad nunca puede ser semilla del dolor; en cambio, la ilusión no puede ser otra cosa que la raíz podrida de lo irreal.*

# VIVIENDO Y APRENDIENDO

A lo largo de la vida, aprendí que, por ejemplo, si me subo a un árbol, después me tengo que bajar, que «paso a paso» significa «despacio», que siempre hay una respuesta a cualquier pregunta, pero que la respuesta también puede ser diferente dependiendo del recipiente.

Aprendí que se puede volar como un pájaro, eso sí, es complicado y nada barato. Aprendí que un rato puede ser mucho o poco y depende mucho de poco. Aprendí que caminar en los zapatos de otro puede ser divertido o doloroso, y más aún, vergonzoso. Que no todo lo que brilla es oro y que el oro tampoco brilla tanto.

Aprendí que los amigos no son aquellos que siempre están y que tampoco son aquellos que nunca están. También aprendí que no hay situaciones malas o lindas, tan solo situaciones. Con el pasar de los años, las prioridades cambian y respirar, caminar y vivir libre es más que suficiente. Aprendí que dormir bien no depende del colchón en el que se duerme, que descansar es un regalo divino.

Que disfrutar de la comida no depende de lo que haya en el plato, más bien depende de con quién se comparte. Que los hijos son compañeros de viaje y que no siempre somos los primeros en bajarnos del tren, y que lo mismo pasa con los amigos y familiares. También aprendí que no vine a este mundo a «sobrevivir», ni mucho menos a trabajar para vivir ni a vivir para trabajar, y también aprendí que la vida no es algo que uno tiene que ganarse y que tampoco es algo, o cosa alguna.

Con el tiempo, todo se acomodó solo para volverse a caer y así una y otra vez. Aprendí que un insulto, para que sea tal, así tiene que ser percibido y que eso es mi elección. Que elijo de instante en instante cómo quiero verme, mas no lo que soy, porque vi que soy más allá del tiempo, más allá del cuerpo y de toda percepción, que nada empieza ni termina. Aprendí que aquello que fue, es y será.

Aprendí que el cuerpo es bueno para muchas cosas y que la mente también, y que es esta última quien lo hace bueno o malo, cómodo o incómodo, y entendí que dentro de lo que parece una cruel dualidad también hay compasión. Vi con los ojos del corazón que Dios no tiene nada que ver con el Mal y tampoco con el Bien.

Aprendí que lo bueno es bueno y lo malo es malo, y que me gusta estar bien y disfrutar, y que para eso lo primero es sentirme en paz, amar y perdonar, y también aprendí que el orden de las cosas puede cambiar y que lo único que no cambia es lo que es Real y que todo en este mundo es Irreal porque aquí todo cambia.

Vi que todos buscamos lo mismo y que algunos aún no despiertan a la prioridad de sentirse en paz. Todo es percepción en este mundo, pero también aprendí que este no es el único. Que no soy de aquí sino de allá y que «aquí» y «allá» son también una ilusión, y entendí que soy Ahora.

Aprendí que el pasado y el futuro cambian, que los pensamientos son como caballos salvajes y que yo decido a cuál montar, montar o no. Aprendí que la experiencia no es transmisible, pero que la visión sí, y que la honestidad es eso que pule el espejo donde otros pueden verse y donde puedo verme.

*Hoy sé que aprendí poco, pero suficiente para entender que la muerte no existe porque tú y yo somos Uno fuera del tiempo, y que la experiencia mística más maravillosa es y será por siempre La Gratitud.*

# UN CAMINO A NOSOTROS MISMOS

*Mirar a los ojos de forma honesta es el camino hacia nosotros mismos, dos ventanas por las cuales resplandecerá la luz del amor serán los ojos de nuestros hermanos. El que busca la felicidad se distrae de la vida que acontece sin esfuerzo alguno, de instante en instante.*

Para muchos, la felicidad son aquellos momentos en los que la mente logra atrapar y, por consiguiente, conceptualizar, esterilizar y liquidar la espontánea aparición. Es por eso que creen que la felicidad son momentos. Experimentando el presente, la «felicidad» o la búsqueda de esta deja de tener sentido y comprendes que regalos aún mayores están a tu disposición.

Me pregunto, ¿llegaremos a entenderlo? La ansiedad es solo otro disfraz del miedo, seguirá teniendo fuerza mientras sigas en la creencia engañosa y en la falsa percepción de que eres tú quien está pensando. Si comprendes esto, el viaje será placentero. Cuánto temor veo en los ojos de aquellos al escuchar que los pensamientos no les pertenecen, no pueden concebir que todo lo que creen ser, es decir, creen ser sus pensamientos, no sean ellos mismos. Toda nuestra personalidad se basa en esta ilusión, en la creencia y falsa percepción de que pensamos y luego somos, aunque es verdad que pensamos y luego existimos, pero hay una gran diferencia, una diferencia sustancial entre ser y existir.

Este miedo a comprender que somos más allá de los pensamientos tiene origen en la percepción del ego y la pérdida del control. Si queremos experimentar la vida, esta percepción necesita ser corregida.

# ESTAR LISTOS

Querer estar preparados para los acontecimientos de la vida no es más que un intento de controlar aquello que percibimos como caótico o erróneo. Como siempre, el error comienza con la percepción que tenemos de los acontecimientos y circunstancias que nos tocan vivir. La frustración que experimentamos al creer que los hechos son producto de un error nos lleva a la experiencia de la culpa. Así, convencidos de ser los creadores de este caos, el ego juega su carta favorita, esa que esconde siempre en el mismo lugar y que muestra orgulloso de sí mismo: la culpabilidad. Al identificarnos con estos pensamientos, hijos de la distorsionada percepción, no podemos más que sentirnos abandonados y a merced de una fuerza oscura. Claro está que las circunstancias siempre serán sorprendentes, dado que es parte de nuestro aprendizaje que así sea. No es necesario vivirlo con dolor, y es estando atentos a la gracia de la experiencia que podremos ver la verdad subyacente a todo acontecimiento. Es verdad que no siempre hemos logrado ser testigos y estar lo suficientemente atentos, pero perdonarnos será nuestro afán en el camino a la comprensión de nosotros mismos, así como también nuestra liberación.

# EXPECTATIVAS

Cuando las expectativas fabricadas por la mente no se ven reflejadas en la «realidad» de este mundo, no podemos más que sentirnos frustrados. Esta experiencia de sentirnos frustrados nos acompaña y se repite de generación en generación, de padres y madres a hijos y nietos. Su función es tan solo generar el sentimiento de abandono y desamparo, que tan bien conocemos, haciéndonos creer en la idea de que hemos sido víctimas de un poder superior que nos castiga. Adán y Eva saben bien de qué les hablo.

Estas fabricaciones, con las cuales nos identificamos, nos hablan de un futuro ideal en el que las cosas salen tal cual fueron ideadas y, al mismo tiempo, producen esa sensación que estamos buscando. Proyectados hacia un futuro idealizado por el ego, estas fabricaciones son y serán incapaces de satisfacer deseo alguno, dado que la naturaleza de estos es la carencia en sí misma.

Ahora bien, ¿cómo escapar de este bucle interminable? Maya, Lila y Samsara. ¿Cómo salvarnos a nosotros mismos de caer en la tentación de las ilusiones que nos llevan a creer una y otra vez que la salvación vendrá desde el mundo exterior en la forma de un salvador? Pues, es claro que no son los ojos del cuerpo quienes nos mostrarán el camino a nuestro despertar. No podemos seguir confiando en maestros y enseñanzas que han fallado una y otra vez.

*Es tiempo de confiar en nosotros y saber que la respuesta nunca pudo estar más cerca, puesto que nosotros somos la respuesta y el camino en sí mismo.*

Necesitamos entender que el problema, si es que lo hay, es la existencia del deseo que nos motiva a identificarnos con futuros tiempos considerando que serán mejores. Si estamos atentos a este proceso, podremos ver que la expectativa solo sirve a los deseos del ego, quien en su interminable afán por controlarlo todo pone un fino velo que nos impide experimentar la maravilla del presente.

La no resistencia a la evidencia que nos ofrece un resultado diferente al esperado será el bálsamo que nos ayude a entender que no hay necesidad de controlar el mundo que nos rodea. El miedo nos lleva a querer controlar el exterior y, de esta forma, andamos distraídos queriendo acomodar nuestro cuerpo para sentirnos seguros; esto no funciona en el mundo interior. Soltar la idea del control nos liberará del sufrimiento y dejaremos de sentirnos víctimas en un mundo que parece no tener sentido.

No sentirnos víctimas nos ayudará a no ser victimarios y así alejarnos del sentimiento de culpa, abandono y desesperación que parece estar al acecho. El camino del perdón.

# EL AMOR

El ser humano es una manifestación con la capacidad de cuestionarlo todo. En algún punto surge la pregunta: ¿qué es el amor? Es una pregunta bastante frecuente cuya respuesta no puede emerger de una definición romántica. Se acostumbra a relacionar el estado de enamoramiento con el amor, y si contemplamos este proceso, podremos ver que no es tan descabellada dicha conclusión. En el proceso de enamoramiento, sucede que, sin darnos cuenta, tomamos contacto con nuestra propia capacidad de amar.

No obstante, el enamoramiento no deja de ser un estado patológico de la mente en el cual uno proyecta un ideal fabricado a medida para nosotros (al menos por un tiempo). Aun así, al tomar contacto con esta experiencia maravillosa del dar sin esperar nada a cambio, nos encontramos con la experiencia de amar, que es un acto de amor en sí mismo. ¿Qué otra cosa podría ser el amor sino dar? El amor se multiplica al compartirlo, y si se divide, aún sigue siendo más, puesto que la fuente es infinita.

¿Cuándo te has sentido más dichoso que en el acto de dar? La experiencia en este plano físico y dual de la manifestación será vista, por los ojos del cuerpo, como un lugar sin sentido en el mismo instante en que olvides cuál es tu función. Si uno está distraído, no entiende qué es lo que hace en este mundo, en este planeta-experiencia. Entonces, cambiemos la pregunta y entenderemos mejor, puesto que todos sabemos qué es el amor. Tan solo necesitamos recordarlo.

¿Para qué estoy aquí? Estamos aquí porque tenemos aún mucho para dar y compartir, así como también para aprender. Mientras se experimenta gratitud, estarás en presencia del amor y sabrás que dar es recibir y que amar es ser amado.

# TENER RAZÓN O SER FELIZ

La elección es fácil, siempre y cuando estés dispuesto a desocupar el lugar que creemos tener en el juego de las circunstancias. Muchos buscadores claman por conocer a Dios, por encontrar paz y a sí mismos. Este deseo suele desaparecer al percatarse de que no se puede estar en presencia de lo divino sin fundirse en la experiencia de unidad. Esto puede resultar atemorizante, pero no tiene significado alguno, puesto que es otro obstáculo fabricado por el ego.

No podemos seguir engañándonos y pensar que podemos entrar al cielo conservando algún vestigio de nuestras erróneas percepciones. Es atemorizante porque algo teme morir y desaparecer. Este «algo» que parece ser real crea la percepción errónea y, de esta, las falsas ideas que tienes de ti. El ego no quiere entrar al cielo, tan solo desea ocupar su lugar y, de ser posible, destruirlo para de esta forma consagrarse como el creador de todo. Su conflicto mayor es que se sabe fabricado por nosotros mismos, para él nosotros somos su creador. Entonces, ¿a quién quiere destruir el Ego? Es claro, quiere destruirte a ti, su creador.

El «yo» proclama su existencia sin miramientos. Elegir entre una cosa y otra es siempre sinónimo de conflicto, lucha y esfuerzo. Estas son características del autor del miedo o el miedo en sí mismo, el ego.

*Elegimos tener razón a costa de todo, incluso nuestro propio sacrificio y, sin duda, el de otros.*

Necesitamos estar atentos a esta imprecisa paradoja y organizar o reorganizar nuestras prioridades; esto nos permitirá elegir nuestras batallas con mayor libertad.

# DESPERTANDO

Despertar no es solo recordar un mundo con una lógica diferente a la que se conoce. Es también descubrir que esta «nueva» lógica o capacidad de percibir no tiene cabida en las mentes que aún no fueron iluminadas.

Es por eso, mis amigos, que dondequiera que vayan, irán moviendo piedras que sustentan un sistema de pensamiento obsoleto y putrefacto. Veremos cómo aparecen en nuestro camino circunstancias tan adversas y carentes de lógica, o mejor dicho, impregnadas de una lógica que nos resultará tan inverosímil como a ellos la nuestra.

El amor, el respeto y la honestidad serán una afrenta difícil de dejar pasar para aquellos que aún estén percibiendo de forma errónea. Paciencia y atentos a los mensajes que provengan de esa forma sádica de ver el mundo, porque estarán allí también los espejos y los maestros que nos enseñarán cuál es el camino a No transitar, atentos a lo que no queremos ser ni convertirnos. Sabemos que son momentos difíciles quizás. Pero, como puedes ver, no estás solo nunca.

# ¿PARA QUÉ SUFRIMOS?

El ego es pura confusión, dualidad y sufrimiento. Es común a lo largo de nuestras vidas pasar por diferentes procesos en los cuales experimentamos sufrimiento, pero también hemos pasado por instancias en las que creemos que nada sucede en nuestras vidas, tanto así que parece que dejamos de «sentir». Si se mantiene esta percepción por un período prolongado de tiempo, comenzaremos a percibir de forma errónea y a creer que no estamos vivos. Muchas veces escuchamos decir frases como «siento que no estoy viviendo». Este sentimiento es parte del programa del ego.

El ser humano, como ya hemos visto, es adicto a las emociones. Confundidos entre las emociones y los sentimientos, creemos que somos lo que sentimos y le adjudicamos a dichas manifestaciones un papel preponderante a la hora de tomar decisiones. ¿Elegimos sufrir? ¿Para qué? El ego necesita constatar que aún está en carrera y hará todo lo posible por perpetuarse, al igual que lo hace cualquier virus; los virus son manifestaciones y fabricaciones de la propia mente, y algunos son tan complejos como el más complejo de nuestros pensamientos. Así es que, al identificarnos con el ego, creemos que estamos eligiendo cuando, en realidad, él está eligiendo por nosotros.

¿Y qué elige? Pues, elige sufrir. El sufrimiento es un sentimiento que el ego conoce al dedillo; sabe que es muy fácil identificarse con ese tipo de emociones y que con gran rapidez logrará que te sometas a su voluntad.

El sufrimiento nos resulta conocido, tanto así que existe cierta comodidad en experimentarlo. Es una emoción tan fuerte, tan conocida y desdichada que nos hará sentirnos «vivos». Es por nuestra identificación con el cuerpo que al ego le resulta tan fácil obrar en este sentido. Cuántas veces vemos a personas autoflagelarse en busca de liberar su angustia y dolor. Están totalmente convencidos de que somos el cuerpo. Hermano mío, te diré ahora qué es el cuerpo. El cuerpo es la manifestación más densa del ego. Una herramienta perceptual. No le des mayor trascendencia y el ego no podrá hacer mal uso de él.

¿Es esto demencial? Sí... claro que lo es, pero aún no llegamos a la respuesta de por qué elegimos sufrir. Elegimos sufrir porque detrás de esa emoción se encuentra otra que nos resulta placentera.

Recuerda, la mente está en la continua búsqueda de placer; esa es su naturaleza. Pero, hete aquí que encontramos una característica más: ella necesita el contraste, necesita la dualidad para llevarnos a las experiencias que busca. Por lo tanto, para la mente, no hay placer sin dolor. La dualidad es su mecanismo.

Al sentirnos culpables, nos castigamos y de esta forma sentimos cierto reconforto. La mente funciona por la ley de opuestos y muchas veces caemos presa de sentirnos «vivos» por razón de experimentar el contraste. Este contraste se ve reflejado, por ejemplo, en las relaciones sentimentales.

Cuántas parejas necesitan del drama para luego experimentar la reconciliación y en esto basan su relación. Esta conducta es autodestructiva, pero es un buen ejemplo de lo que el ego, a través de las emociones, consigue llevarte a su tan ponderada confusión. Solo podemos sufrir si nos sentimos víctimas de algo o alguien. Elegimos sufrir para sentir algo, para poder identificarnos de tal forma con el cuerpo que creeremos estar unidos al dolor, pero es solo una ilusión. Nos cuesta sobremanera dejar ir, tanto así que somos capaces de elegir odiar a alguien con el fin de que siga siendo parte de nuestras vidas. ¿Acaso no es eso lo que logras al odiar? ¿Acaso no están más presentes en tu mente aquellos a los que odias?

# LA FALSA PERCEPCIÓN DEL FRACASO

El fracaso será tu compañero fiel a lo largo del camino en este plano. No solo fracasarás al no cumplir tus deseos, sino también al cumplirlos

El problema con el fracaso es la falsa percepción que tenemos de él y cómo nos han condicionado con respecto a esta experiencia. Los deseos cumplidos son muchas veces la razón de nuestro sufrir, y más aún cuando estos se conquistaron a través del sufrimiento y sacrificio. Siempre que un deseo se cumpla mediante un tremendo esfuerzo y sacrificio, este será una fiel y representativa obra de arte, el monumento que nos mostrará una y otra vez lo que padecimos para obtenerlo. Recuerdo visitar a un amigo, el cual había construido su casa a base de mucho trabajo y esfuerzo.

Al llegar, saltaban a la vista los detalles de su buen gusto; todo estaba dispuesto con el objeto de brindar comodidad y practicidad. No dudé en elogiar el fruto de su dedicación; no obstante, la respuesta fue: «Todo muy lindo, pero mucho trabajo». En su mirada y cuerpo se manifestaba un profundo desasosiego. Me pregunté si haber terminado su casa era para él un disfrute o el fin del suplicio, quizá ambas. Tendemos a pensar que valoramos el fruto de nuestro trabajo si este conlleva esfuerzo y trabajo, pero no siempre es así, puesto que solemos usar la frase: «Valió la pena».

Te digo, hermano mío, que si hubo pena y pesar en el proceso, el fruto no será tan dulce como nos gustaría.

El fruto es dependiente del proceso y de cómo lo vivimos. No estoy diciendo que no hagas, tampoco que no te esfuerces ni trabajes para mejorar tu vida en el mundo material, sino que necesitamos equilibrar el mundo interno y externo al mismo tiempo, para que cuando llegue el momento de poner el último ladrillo te traiga la misma emoción que el primero.

Fracasarás una y otra vez y perderás todas las batallas. Pero ¿qué puede significar esto ante una guerra que no se puede perder? Nada, los fracasos no significan nada, tan solo son una oportunidad para aprender. Las ilusorias batallas que libramos en pos de la conquista de nuestros deseos nos irán mostrando la futilidad de esta lucha y también la de los propios deseos. El ser humano que se experimenta en paz tiene muy pocos deseos o ninguno, como dijo un sabio: «Deseo poco y lo poco que deseo lo deseo poco».

Fracasarás una y otra vez, constantemente, y aprenderás constantemente hasta que te des cuenta de qué es lo más importante. La contemplación de la experiencia del fracaso, más allá de la situación particular, te pondrá de cara con la locura de este mundo, con lo demencial de las conductas de la mente. Pero recuerda que tú no eres la mente, tú no eres esa locura ni esa demencia. Ese que tú eres es el descubrimiento profundo de tu verdadero Ser.

# TOMAR DECISIONES

Siempre será un conflicto tomar una decisión entre dos opciones. La naturaleza de la toma de decisiones es el conflicto. ¿Cómo es posible plantearse siquiera la posibilidad de elegir entre el dolor y la alegría? Al enfrentar las decisiones, siempre estaremos ante un conflicto, un problema a resolver. Estas decisiones nunca nos darán la libertad que buscamos, puesto que al elegir A, estaré negando B.

El conflicto está enraizado en la posibilidad de elegir, y la mayor libertad es entregarnos de todo corazón a cualquier decisión con la seguridad de que esta trasciende nuestro ego y nuestros miedos, así también como todas nuestras proyecciones.

*Ser feliz y encontrar la paz en nuestras vidas no es una elección, sino un rumbo inevitable. La libertad no está en la decisión en sí; la libertad se nos será revelada a través de cualquier decisión que tomemos.*

# LA SOGA INVISIBLE

La soga al cuello puede ser lo suficientemente larga como para crear la ilusión de libertad. Al parecer, vamos donde deseamos hasta que la cuerda se tensa demasiado, tanto que se hará difícil respirar. ¿Cómo puede la esclavitud pasar desapercibida? La lucha y la pugna por obtener lo que deseamos y muchas veces no necesitamos nos somete a interminables horas de esfuerzo para que, al final del día, poco quede en nuestras manos.

Necesitamos establecer nuevas prioridades, entablar una relación sana con lo que realmente necesitamos, ver la diferencia entre un deseo que proviene de la carencia y el miedo, y la real necesidad de sentirnos en paz.

Sentirnos bien necesita ser nuestra prioridad. Pocos son aún aquellos que se detienen, aquellos en los cuales el deseo ha dejado de impulsarlos en una inercia destructiva. Tomar consciencia de la naturaleza de nuestros deseos nos mostrará no solo la real carencia que experimentamos, sino también el origen de esa experiencia, que no es más que el síntoma de percibirnos incomunicados con la fuente, la fuente de vida, la fuente de amor.

*Percibir el Ahora, estar en el presente, es el comienzo y el fin de toda angustia, de todo pesar. El instante santo, el Ahora, es estar en presencia de lo que tanto ansías conocer. En esta presencia permanece, estando atento al ir y venir de tu aliento, este te llevará al cuerpo; el cuerpo siempre está aquí y ahora.*

# LA CONFUSIÓN

Sentirse confundido es una experiencia bien conocida en este plano de la existencia. Estar confundido puede ser una experiencia aterradora, dado que el miedo es el combustible principal y la idea de la muerte estará subyacente a cada instante. La confusión es tan solo otro pensamiento que ha tomado fuerza y realidad en un momento de distracción. Este constante dudar entre lo que está bien o mal, de lo que es correcto o incorrecto, puede ser extirpado de raíz si enfocamos nuestra atención en un pensamiento más elevado:

*«Siempre que experimento cualquier emoción que me hace sentir separado y atemorizado es porque estoy percibiendo el mundo de forma errónea» (UCDM).*

La confusión llega a tu experiencia en un instante y así mismo desaparecerá. Recuerda que solo tú eres capaz de otorgarle realidad y que sin ti esa experiencia sería imposible. La confusión no tiene ningún poder sobre ti y la vida misma te lo estará demostrando; te enseñará una y otra vez que la confusión es tan solo un instante en el que olvidas quién eres realmente.

Un abrazo al recuerdo de tu naturaleza.

# AÑO NUEVO

La idea de un año que termina y un año que comienza es una estrategia para seguir postergándonos en la esperanza. Querer creer que todo lo «malo» se desvanece al quemar el almanaque es una forma de otorgarle realidad al pasado. Un año de 365 días parece haber culminado, pero no es más que la continuación de los anteriores miles de millones. Esta percepción del tiempo y este otorgamiento de facultades es una trampa más… Hoy no es 2024 o 2025, hoy es hoy, sin importar el número o nombre que le adjudiquemos.

Abrazar el entendimiento del no tiempo, de la inexistencia del tiempo, es el camino a descubrir la verdad. La irrealidad de los subproductos de ideas que nos llevan al sufrimiento es una estructura que necesitamos ver y entender si queremos pasar a un estadio de consciencia en el cual experimentar paz. Los años no van ni vienen, no pasan, tampoco quedan en nosotros. Estos conceptos son destructivos, peligrosos y nos sumen en la decadencia y en el letargo. Creer que uno «tiene» años es otro engaño. Uno no tiene años, en todo caso, los resta.

Cada instante en sí mismo es completo, no hay nada que sumarle ni tampoco se le puede quitar vida; incluso postergar es una percepción errónea.

*La respiración es una maestra en este plano; ella nos enseña la piedra angular y el cimiento de nuestro paso por este mundo. Intenta postergar tan solo una inhalación y será la última; hazte consciente de tan solo una y el secreto de la vida se te revelará de instante en instante.*

# LA PROPUESTA

Te propongo encontrarte tal cual eres, tal cual fuiste creado. Te propongo acceder a una experiencia tan cercana que no puede resultarte desconocida y, al mismo tiempo, no dejará de sorprenderte. ¿Cómo es hacer un viaje a nuestro interior? ¿Cómo tener lo que muchos llaman *insight*? El camino a nuestro interior puede ser gradual o simplemente estaremos allí en un abrir y cerrar de ojos. Más que tomar consciencia de un lugar o estado, tomaremos consciencia de la condición de identificarnos con lo que no es. De esta manera, entiendo yo, que la comprensión del proceso de despertar a la verdadera naturaleza se hace posible desde un acercamiento más acertado.

Es esta identificación con lo irreal la que crea la ilusión de una desconexión. Esta aparente desconexión se traduce en un profundo sentimiento de abandono, sentimiento y emoción que, si me permites, te diré que no es ajeno a ningún ser humano. Sabes que sentirnos abandonados nos sumerge en un profundo estado de inconsciencia y desesperación. Los conceptos pueden ser incluso engañosos, o siempre lo son. Es necesario aclarar que no somos aparatos que podamos conectarnos o desconectarnos de cosa alguna, esto puede ser en el mundo material, inanimado o mundo exterior, pero en el mundo interior no existe tal cosa como la conexión o desconexión. Otro concepto quizá pueda ser más atractivo, es el concepto de comunicación, el cual podemos internalizar con más facilidad y entendimiento.

Muchos intentan acceder a su interior concentrando su atención en algunos de los sentidos, ya sea oído, gusto, olfato o tacto. Esta concentración en un sentido único produce una abstracción tal que puede confundirse incluso con un estado alterado de consciencia, que lo es, pero de forma burda. Así es que vamos en busca de experiencias fuertes que nos lleven a una concentración tal que parecerá desplazar a la mente y el pensamiento. Es un falso estado de meditación, puesto que es una mera sensación que la mente otorga, mas no es real.

La no identificación con los sentidos es la puerta a lo que estamos buscando. Pero ¿por qué nos resulta tan difícil? Es difícil porque la naturaleza de la mente está basada en lo perceptual, es decir, la mente se experimenta a sí misma a través de los sentidos, intentando señalarse a sí misma para otorgarse la condición de real. La mente no es nada sin esta identificación y creencia total en los sentidos. De esta forma, ha encontrado la manera de confundir lo que es con lo que no es. El ego juega entonces un papel primordial porque se apuesta entre los sentidos y la mente, aunque iremos viendo que son lo mismo.

Acceder a una dimensión que nos permita ver, en el total y real sentido de la palabra, es una experiencia a la cual el ego teme. No puede ser la experiencia del Ver en presencia del ego. ¿Cómo el ego puede parecer aún más real que un pensamiento o una emoción? Bueno, este problema fue de fácil solución para la mente. La mente creó la identificación total con el cuerpo, alejándolo y diferenciándolo de ser un pensamiento o una emoción. La idea de que el cuerpo es más que un pensamiento fue aceptada con gran facilidad. ¿Quién que aún no haya despertado a la verdad puede creer o entender que no es el cuerpo?

El cuerpo es algo a lo que le prestamos atención cuando nos genera dolor o placer. El ego es el cuerpo; el cuerpo es la manifestación más densa del ego. El cuerpo es una idea que pasa inadvertida, y como ya sabemos, la mente es la maestra de la distracción, la identificación y el engaño.

Es la preocupación constante sobre el cuerpo, ya sea perceptual y psicológica o proyectada al futuro, la que nos genera gran tensión; toda nuestra energía está puesta en la sobrevivencia del cuerpo. La llamada a trascender es para ti, pero el cuerpo no está invitado.

La idea de dejar nuestro cuerpo nos atemoriza, nos condiciona a estar todo el tiempo procurando su seguridad. ¿Dónde queda nuestra libertad si estamos condicionados de tal manera? ¿Y cuál sería el sentido de la vida desde esta lógica?

Parece ser que todas nuestras actividades tienen lugar en el plano físico. De esta forma, podemos observar que si nos sentimos desconectados (incomunicados), lo cual termina generando gran desasosiego, es porque todo lo hacemos por el cuerpo, al cual hemos confundido como la vida, como la manifestación más elevada, y nada más alejado de la verdad puede ser esta idea.

Esta creencia en el cuerpo y en lo material nos lleva a guiar nuestras vidas en un sentido que no puede generar otra cosa que caos. Vivimos, si se puede decir, en función del cuerpo. Lo cuidamos, lo alimentamos, lo vestimos, lo mimamos o lo castigamos. Trabajamos varias horas al día con este propósito. Y terminamos haciendo de él un objeto de culto. Pero ¿qué pasa cuando nuestro cuerpo, endiosado por las creencias, nos cuenta que es perecedero? ¿Aceptamos esta idea? La próxima conclusión será que si el cuerpo es perecedero y yo soy el cuerpo, entonces mi existencia o, lo que es peor, mi experiencia de ser es finita. La muerte comienza a tomar toda nuestra percepción.

Todo este sistema de creencias es lógico, y no pretendería ir en contra de esta lógica. Pero si tengo en cuenta que de esta lógica proviene la percepción errónea, entonces será mucho más sencillo cambiarla.

Te propongo meditar sobre lo dicho. Es un camino sin retorno. Ir abandonando este sistema de creencias abrirá la brecha temporal, o mejor dicho, cambiará tu percepción del tiempo. Contempla cuánto miedo y ansiedad te trae la posibilidad de dejar de percibir el cuerpo. Abrazar la experiencia de que el cuerpo es tan solo una herramienta perceptual te pondrá en línea directa contigo mismo, con lo que trasciende todo lo material. Es esta una invitación a conocerte a ti mismo, sin miedo, sin culpa. Nadie puede verte, nadie te juzgará. Eres tú, tu esencia frente a la divinidad, la libertad de ser.

El buscador espiritual es un personaje singular que intenta estar en cualquier lado menos en el presente. El buscador sufrirá por causa del mundo, por lo tanto, intentará alejarse de lo mundano, llevando al cuerpo a un nivel superior. Intentará llevar a la mente a su máxima expresión y, sin saberlo, comenzará a vivir una profunda confusión. ¿Es éste un proceso erróneo? Por supuesto que no.

Así, en su búsqueda de ser mejor, irá dejando un tendal de conceptos que no fueron más que una carga. En este proceso deberá enfrentarse muchas veces a la idea de que no podrá lograr lo que busca, ya que él mismo es el obstáculo principal.

El buscador espiritual es hijo de la propia carencia, el producto de la necesidad, la víctima y el victimario. Comprender el proceso y la razón por la cual el buscador espiritual es fabricado por el propio ego nos llevará a nuestro destino sin tanto rencor, sin culpabilidad.

Veamos que el buscador es sólo un traje que nos pusimos para una tarea en especial. Esta investidura nos queda muy cómoda al principio, pero no por mucho tiempo. En algún momento veremos que nos pusimos un traje ideal para escalar montañas, pero nos encontramos buceando a gran profundidad. Es así que en alguna etapa de nuestro camino de regreso, el buscador espiritual deberá ser observado con tal intensidad que podremos ser testigos del fin del condicionamiento al cual nos sometimos.

El buscador pasará por muchas etapas, todas ya fueron superadas, pero no lo sabe. Este desconocimiento sobre el éxito de su emprendimiento lo llevará a tomar medidas innecesarias; estas medidas provienen de sus temores. La protección o las protecciones que él considera necesarias son hijas del miedo, la ignorancia y pensamientos que tan sólo lo alejarán de la fe y la confianza. Así es que veremos un sinfín de adornos, rituales y declaraciones en pro de alejar estos supuestos hechizos que provienen del afuera y que tanto mal podrían hacerle.

Estas murallas y filtros son tan irreales y fútiles como la idea de que el Otro puede hacerme daño. La mente inventa a un ego vulnerable; la naturaleza del ego es débil, irreal. El ego se sabe dividido y alojado tanto en la mente como en el cuerpo. Es así que la mera existencia del Otro te llevará a la no menos importante conclusión de que el Otro es un ego diferente que puede atacarte, que tiene el poder de destruirte. Este pensamiento te hará tomar una actitud defensiva que sólo puede llevarte a sentirte exhausto al cabo de un corto lapso de tiempo. La actitud paranoica que surge de la idea de tu vulnerabilidad, producto de un falso estado de indefensión, es agotadora y acaba retrasando nuestro viaje, o al menos haciéndolo aún más pesado.

Las preguntas que podrías formularte son: ¿De qué necesito protegerme? ¿Me hizo Dios, el Padre o la Divinidad defectuoso? ¿Qué es lo que necesita ser protegido? ¿Necesita el Ser inmanente y eterno ser protegido? ¿Puede lo Real ser tocado por lo irreal? ¿Acaso lo que fue, es y será, puede ser mancillado por lo que nunca fue, no es y nunca será?

Todas las barreras que inventes son sólo eso, inventos que intentan otorgar realidad a lo que no es. Toda defensa es un muro que te separa del otro, de tu hermano, de tu espejo. Sirven para crear la idea de que algo no puede pasar, no puede conocerte, y al mismo tiempo, de forma inconsciente, te llevará a la lógica de que tampoco puede salir. Te aísla.

Es así, hermano mío, que llegar al entendimiento de la falsa idea de que tus pensamientos pueden abandonar tu mente y atacar es la instancia previa a saber que los pensamientos de tu hermano no pueden atacarte. Entiende esto, hermano mío, y sentirás que el tiempo necesario para estar aquí y ahora es una ilusión.

*Acompáñame en este pequeño recorrido por mi sentir, observa y contempla lo dicho con los ojos de un niño inocente, sin prejuicios. Abandona la idea del ataque en una contemplación honesta de lo ilusorio.*

Como dice UCDM: «Nada real puede ser amenazado, nada irreal existe. En esto radica la paz de Dios».

# TODAS LAS FORMAS

De todas las formas en que la divinidad puede manifestarse ante ti, la más hermosa, a mi entender, es aquella que te resulta natural y conocida. Esta familiaridad te dará la oportunidad de abrirle tu corazón de tal manera que el amor colmará mucho más que la suma de todas tus expectativas. Ser capaz de aceptar la presencia divina, el advenimiento de esta dimensión, es sin duda la oportunidad que tanto has estado buscando.

Aun así, aunque parezca difícil de creer, es una oportunidad que se desecha instante tras instante. Muchos buscadores están esperando que la invitación les llegue vía email o WhatsApp; así que mientras esperan, se dedican a otras cosas que creen son más importantes. Estas cosas más importantes es lo que muchos entienden como la preparación necesaria para este encuentro. La idea de estar preparado o no para tal encuentro es una creencia tan arraigada en la psique humana que le ha servido al ego como el zapato al pie.

El ego estará susurrándote al oído que eres incapaz de tener un encuentro de tal magnitud y naturaleza, te dirá que no estás preparado, te dirá incluso que aún no eres merecedor y que tan solo osar en pensarlo hablaría de tu gran soberbia; de esta forma, no podrías hacer otra cosa que sentirte culpable y, por ende, deberías sentirte indigno, arrepentido de tal pecado. El ego solo puede poner este fino y delicado velo ante nuestros ojos. Pero te dirá una y otra vez, te contará infinitas veces sobre el poder que tiene este velo, lo hará así hasta que te lo creas. Inventará mil artimañas para que lo que podrías correr con un soplido te parezca una muralla infranqueable.

*Entonces, ahora sabes que entre tú y la experiencia de vivir libre del miedo se encuentra tan solo en la creencia. Esta creencia, como una tela de araña, se extiende por tus pensamientos y crea la ilusión de ser un sistema firme y sólido, pero no es más que un fino, transparente y delicado velo que puedes correr de un leve soplo.*

No creas en mí, tampoco en lo que digo. Porque si piensas que yo soy la verdad, que mi palabra y mi razón son la verdad, te estarás perdiendo de algo mucho más importante. Entiende que no existe algo llamado mi verdad, tu verdad, nuestra verdad. Solo es la verdad. Solo es lo que es verdad. Tampoco la verdad tiene algo que ver con la razón y mucho menos con puntos de vista. Por lo tanto, no puede haber dos verdades, porque la divinidad es uno. La verdad está dentro de ti, dentro de mí, pero no son dos, es una.

Entre sueños veo cómo el mundo se manifiesta ante mí en sus infinitas formas, colores y texturas. Este, sin lugar a duda, es el mundo de la forma, el mundo de los sentidos, de la percepción.

Pero ¿cuál es la necesidad de esta manifestación? Porque parece ser que algo tiene la necesidad de mostrarse para ser experimentado. Es así que podemos verlo en la naturaleza; todas sus formas, ya sean animal, vegetal, humana, mineral o fungi, es una acción que pulula en todo. Algo tiene la necesidad de manifestarse, de mostrarse ante el resto. Nuestra cultura toda se basa en esta acción, mostrarnos. Sentir que somos a través de la experiencia de los demás. Este juego solo puede experimentarse en este mundo, el mundo de la forma.

¿Podría ser que la vida se manifiesta ante ella misma? De ser así, ¿qué otra razón habría para esto que la necesidad de conocerse a sí misma, de experimentarse a sí misma a través de la forma? Una vez medité sobre la importancia de todas las manifestaciones y formulé una pregunta que tuvo respuesta. ¿Por qué somos todos separados? Porque la divinidad se diversifica para experimentarse a sí misma. Me pregunto si algún día llegaré a comprender esto en su totalidad.

Antes era más simple. Era más simple porque si necesitabas ver en la oscuridad encendías una vela que por lo general era hecha de cebo y un pabilo de algodón, muy sencillo. Es verdad que ahora es solo encender la bombilla. Pero el gran despliegue que se necesita para que esto suceda es muy complicado; son miles y miles de personas que se necesitan para que esto suceda en tu hogar. Lo mismo pasa con el agua, antes debías ir a buscarla al río; sí, era más laborioso, pero sencillo. Ahora la obtienes del grifo; es más cómodo, pero se necesita de un gran despliegue tecnológico para que esto suceda.

Esta gran complicación no tiene nada de malo, ha generado a su vez gran comodidad. Lamentablemente, con el pasar de los años, la comodidad comenzó a pasar desapercibida y lo complicado se fue trasladando a nuestra experiencia de vida. Más horas de trabajo, más velocidad y, aunque parezca contradictorio, menos tiempo para las cosas más importantes, como puede ser incluso dormir y descansar. Es así que nuestras vidas se han vuelto día a día más complicadas, desvirtuando de esta forma nuestras prioridades.

*Recuerda, mi hermano, que solo tú pasarás por ojo de la aguja;*
*el camello (ego) desaparecerá como la ilusión que es.*

# SOBRE LA MEDITACIÓN

La meditación, la acción de meditar, se presenta en el consciente colectivo como un acto estático, promocionado como una práctica que nos llevará a la quietud tan solo por detener el cuerpo. Sin embargo, la meditación no puede ser nunca un acto a realizar, al cual integremos como la posibilidad de detener cosa alguna, y mucho menos la mente. Es así que, para el meditador, será un viaje a los infiernos. No puede ser de otra forma, puesto que el meditador intenta organizar y condicionar la experiencia desde lo conocido, desde el imponente bagaje de conocimiento adquirido por medio de información.

Entonces, ¿qué es la meditación? ¿Cómo se logra el estado meditativo?

La meditación es algo que sucede en el momento menos pensado, es un regalo que nos otorga el momento presente. No es algo que podamos alcanzar con nuestro esfuerzo, sino todo lo contrario, es una experiencia que deviene del no esfuerzo. Es preferible sentarse en actitud, sin duda. ¿Es preferible crear un ambiente para así poder invocar esta experiencia? Claro que sí. Pero nunca te sientes a lograrlo, puesto que lo que sea que venga será una fabricación de la mente. Tampoco caigas en el engaño de esperar.

*Recuerda que el estado meditativo es natural, es algo que sucede sin que te des cuenta. Incluso darte cuenta es el momento en que lo pierdes.*

# EN TU CORAZÓN

Es tu corazón terreno fértil donde germinarán las semillas del amor. Todos tienen corazón, parece obvio, pero cuánto cambia mi percepción del otro cuando tengo en cuenta este simple detalle. El latido del corazón es inaudible por ser descoordinado, pero si todos los corazones latieran al mismo tiempo, el sonido sería ensordecedor. Por eso todos laten a destiempo, es la forma de escucharnos unos a otros. ¿Qué me dice mi corazón? ¿Qué representa para mí? Es importante, en el camino del autoconocimiento, indagar sobre mi relación con este caldero de emociones. A medida que somos más y más conscientes de cuánto depende nuestra experiencia en este plano de este corazón, el latido será tomado en cuenta instante a instante.

Al profundizar, nos haremos conscientes de que lo que late en mi pecho también late en el tuyo. Este sencillo —pero poderoso pensamiento— salvará distancias que hoy pueden parecerte infinitas. La distancia con tu hermano es dictada por el ego; nada sabe el corazón del pasado ni del futuro. El ego solo sabe de división, comparación y juzgamiento. Anclada nuestra percepción en el latir de tu corazón, en su función, nos pondrá de cara con la realidad de nuestra frágil y temporal existencia en este cuerpo; comprenderemos la importancia del momento presente, de la oportunidad que este nos otorga.

El corazón recibe el aliento de vida y lo impulsa por todo el cuerpo, pero no se limita a eso, puesto que su función trasciende nuestra comprensión. Entender en totalidad la experiencia que deriva de su existencia es, sin duda, un camino a transitar. El camino al corazón, el camino del Corazón.

Ve a un lugar donde te puedas sentar tranquilo y ver a la gente pasar. Contempla sus miradas y su forma de caminar, el movimiento de sus piernas y brazos. Observa tus pensamientos, pero no les des mayor trascendencia. Ahora, lleva la atención a tu corazón y continúa observando a las personas que pasan por allí. Luego intenta percibir que también hay un corazón latiendo en ellos, tan solo contempla esa idea. Todos tienen un corazón latiendo. Continúa mirando desde esta percepción. Ahora cierra los ojos y trae a tu mente a tus seres queridos; visualiza un corazón latiendo en ellos, respira profundo y perdona toda acción, todo juzgamiento, todo pesar.

# ACEPTAR EL REGALO ES RECONOCERLO COMO PROPIO

*Recibir un regalo de dimensiones inconmensurables no es fácil cuando no se conoce su procedencia. Sentirse deprimido, abandonado y sin rumbo es una experiencia común que, por lo general, tachamos de mala debido a su sabor amargo. Sin embargo, es señal de que estamos ante las puertas de nuestra liberación.*

A medida que avanzamos en nuestro viaje de regreso, el ego activa sus jugadas favoritas. La depresión no solo enlentece, sino que también nos puede paralizar. Esto que el ego experimenta como un gran logro es tan solo el instante antes de dar un salto. En esta experiencia que es el mundo, es innegable que necesitamos hacer algo para sentirnos bien, para salir de la pesada letanía, de la pesadilla que puede ser nuestra existencia, de ese letargo que sentimos como si el tiempo fuera un gran reloj de miles de kilos que arrastramos encadenados a él. Aceptar el regalo que te hará libre de las fauces del tiempo y lo que este significa es tu única opción.

Llegado este punto, no se bifurcan los caminos, no habrá opción; solo te queda aceptarlo como propio. Aun así, el verdadero poder del regalo radica en la total dependencia del amor y la gratitud que sientas por aquel que te lo ofrece. Si aquel que te hace la ofrenda es respetado y amado por ti, cuánto más dichoso serás de recibir su presente. Si te sientes quieto, estancado o paralizado, si experimentas que tu barco no tiene rumbo, es momento de que hagas algo, porque este mundo es el mundo de la acción. Tú sabrás qué hacer llegado el momento; esta sabiduría es inherente a tu naturaleza.

De todas formas, hagas lo que hagas, es necesario que reclames lo tuyo. Tan solo te daré un ejemplo, pero recuerda que tú encontrarás tu manera.

Siéntate en una posición que te resulte cómoda, toma un objeto que te quepa en la mano, algo que tenga un valor espiritual para ti, puede ser una foto incluso de ti mismo. Cierra los ojos y di: «Hermano, estoy aquí para recibir lo que es mío por naturaleza y derecho, que la dicha y la paz sea conmigo y contigo, ayúdame a ver y entender aquello que veo». Luego quédate unos minutos en silencio y en actitud contemplativa.

Parece sencillo, ¿verdad? Y lo es. Recuerda que es más fácil sentirse bien que mal, puesto que es más fácil vivir en gratitud y alegría que de cualquier otra forma.

# EL POTENCIAL INMANENTE

La experiencia del potencial inmanente es aquella que nos lleva a vivir en una irrealidad paralela creada por el ego y para el ego. Puede ser que parezca confuso el término «irrealidad», pero no así partiendo de la impronta de que el mundo de los sentidos es tan solo percepción y, por ende, está sujeto a cambios, cambios que determinan su naturaleza de irrealidad.

Veamos, cuando el buscador espiritual comienza a dar sus primeros pasos en lo que para él es un mundo nuevo y prometedor, surge la sensación de estar fuera del tiempo, entendiendo esto como sentirse más allá del presente. Esta experiencia de estar fuera del tiempo es similar a soñar que caminamos en un mundo creado solo para nosotros, o, mejor dicho, para un yo diferente.

Comenzamos a vivir un potencial futuro que luchará constantemente con lo que sería nuestra realidad. Este yo potencial es el producto de un enamoramiento, hijo de un ideal que será proyectado en el afuera; comenzamos a ver el mundo a través de un negativo fotográfico y de esta forma intentamos fundir estas dos imágenes contrapuestas. Estos dos mundos que parecen ser diferentes son en realidad la misma cosa, es como pensar que al cambiar el monitor de tu PC hará que sea otra PC.

Es importante entender esto claramente antes de que la madeja se enrede más y más en sí misma, por eso voy a poner un ejemplo diferente al del buscador espiritual, cosa que en realidad no es posible porque todos somos buscadores hasta cierto punto.

Este ejemplo trata de un personaje que comienza a tomar clases de boxeo. Comienza por curiosidad y, poco a poco, obtiene algunas habilidades; su cuerpo toma otra forma rápidamente y mueve los brazos con gran facilidad y velocidad, comienza a hacer alardes de sus reflejos frente al espejo, etc., etc. Luego de un par de semanas, algunos golpes dados y otros recibidos con estoica valentía, sale a caminar por las calles de su ciudad y entra en la experiencia del potencial inmanente.

Sintiéndose más seguro de sí mismo, ya no se percibe como un inferior frente a otros hombres a los cuales temía por su superioridad física. En su mente, resuelve algunos enfrentamientos violentos de los cuales sale heroico y victorioso. Este proceso no es un problema siempre y cuando seamos conscientes de esta ensoñación; de lo contrario, no tardaremos en recibir la experiencia pertinente que nos pondrá con los pies en la tierra, por decirlo de alguna manera.

Este aprendiz de boxeo madurará como todos a su tiempo. ¿Cuál es la diferencia entre el potencial inmanente del buscador espiritual, o, mejor dicho, de aquel que sigue un camino más religioso o con ideales que parecen más elevados? Pues, me atrevería a decir que ninguna.

No obstante, podría ser aún más largo el camino a recorrer antes de percatarnos de este error, puesto que la ilusión será aún más elaborada, rica y exquisita. El ego es un maestro en el arte de hacer de lo sencillo algo muy complejo. ¡Qué placer obtiene de agrandar la madeja y hacer de la confusión su razón de ser! Experimentarse como algo diferente, vivir proyectado a un tiempo futuro, o más bien vivir desde la experiencia de lo que nos gustaría ser en contraposición a lo que somos, es parte del camino y aprendizaje. Teniendo esto en cuenta, necesitamos ser compasivos con nosotros mismos y con aquellos que recorren esa experiencia.

Déjame decirte algo más, con el fin de no aclarar nada, puesto que hasta la claridad puede ser engañosa. Es probable que el potencial inmanente se vea plasmado y sea una realidad en tu vida.

*Acompáñame en este pequeño recorrido por mi sentir; quizá en algún abrazo, quizá en algún sueño nos veamos recorriendo el mismo sendero y nos recordemos como compañeros de tantos viajes. Descansemos a la orilla del camino porque ya no hay tiempo que se pueda perder, ya que este no nos será necesario.*

# MI VOLUNTAD Y LA VOLUNTAD DE DIOS

Estas son una, mas no es la voluntad del ego. El ego no tiene voluntad, pero sí podemos temerle a sus deseos, también le tendremos miedo a su falsa voluntad, que no puede ser otra cosa que la madre de las ilusiones. La existencia del ego se desvanece ante el conocimiento de su inexistencia o, para ser más exactos, el ego se desvanece ante el conocimiento, puesto que el ego es irreal y el conocimiento es real. Este pensamiento distorsiona bastante nuestra percepción sobre qué es nuestra voluntad, dado que podemos llegar a pensar que esta puede ser diferente a la voluntad de la divinidad.

Es esta identificación con la aparente voluntad del ego la que nos produce gran temor, puesto que, si nosotros somos el ego, entonces sus deseos y su voluntad irían en contra de la voluntad de Dios.

*El ego pretende ser algo separado del todo, ajeno a la fuente, y en este sentido, no podemos más que darle la razón a su interpretación, puesto que nace de su misma lógica. Esta lógica, contrapuesta a la voluntad de Dios, genera un sentido de grandiosidad en el ego con el cual es muy fácil sentirnos identificados.*

# EL SILENCIO

*Tantas cosas me gustaría decirte, tantas experiencias compartir, tanta maravilla para ser revelada a nuestros ojos y tanto silencio a nuestros oídos. Pocos son aquellos que saben lo que necesitan, pocos aquellos que incluso saben lo que quieren. Y menos aún aquellos que conjugan ambas.*

Cuando lo que necesitamos es lo que queremos y lo que queremos es lo que necesitamos, podemos decir que un milagro se está obrando en nuestras vidas. Cabe hacer una aclaración: nunca sabemos realmente lo que necesitamos, aunque casi siempre sabemos lo que queremos. Una gran dicha proviene de tal experiencia, en la cual el deseo cumplido no dejará residuos. Verán, amigos, quiero decirles cuál es la motivación de tantas palabras, de tantas experiencias compartidas.

¿Qué sucede cuando el hombre descubre una veta de tesoros en una mina de oro cuyo contenido es limitado? Sucede que trata de esconder su descubrimiento de los demás, porque lejos de estar en presencia de la abundancia se encuentra frente a la carencia, sin importar cuánto posea. El simple hecho de experimentar la carencia y el límite lo hará temer; tendrá terror de compartir porque el simple acto significará dar algo de sí que no recuperará. Siente que al compartir pierde parte de su tesoro.

Pero ¿qué sucede cuando el hombre descubre la veta de producción infinita, el cuerno de la abundancia, que no solo proveerá lo que tú crees que quieres y necesitas, sino que saciará aun lo que no sabes que quieres y necesitas, la vasija que posee infinita miel, el oráculo de todas las respuestas?

Todo el oro necesario para cubrir los mares, ríos y montañas. Cuando llegas a ver lo ilimitado y la experiencia de la carencia se diluye por siempre, solo quieres compartir con todos tal descubrimiento y el miedo cesa. Aquí verás que el amor y la paz no pueden más que multiplicarse al dividirse; verás que nada pierde sus atributos porque la muestra más ínfima del todo sigue siendo el todo.

Esta es una invitación al descubrimiento de tu mayor tesoro, aquel que eres, y que puedes ofrecer al mundo sin temor a dejar de ser. Muéstrate sin temor y tus hermanos no podrán más que verte en tu máximo fulgor.

*Te digo, mi amigo, que si me acompañas en este sentir, juntos estaremos a las puertas de tal descubrimiento, donde entenderemos que nunca hubo un principio y, por lo tanto, nunca habrá un final. Entenderemos juntos la futilidad de tantas palabras leídas y escuchadas; tantos argumentos y gestos se fundirán en un silencio sin tiempo, un silencio olvidado por los caminos ilusorios del pasado y el futuro, un silencio que es recordado en el presente, el silencio del aquí y el ahora.*

*Es en este silencio en el cual pretendo encontrarme contigo, es este silencio de pura sabiduría lo que me gustaría compartir. Encontrarnos allí es posible y es el presente la situación perfecta.*

# DEL MIEDO A LA VIDA

*Tantas son las maravillas de las que nos privamos por poner el velo del miedo ante ellas. Infinitos son los dulces frutos de un corazón sin miedo.*

Pero ¿qué es el miedo? ¿Para qué nos sirve? O, mejor dicho, ¿creemos que nos sirve? El miedo no puede ser más que una invención del ego, un reflejo involuntario de una percepción distorsionada en respuesta al mundo que hemos fabricado.

En la mente están los dos mundos: uno es el mundo del amor y el otro es el mundo del miedo. Estos dos mundos no pueden coexistir en nuestra mente. Así es que tuvimos que poner al miedo fuera de ella, representándolo en el mundo exterior y de esta forma fabricar la división que propició un mundo de leyes incongruentes, un mundo de separación y de aparente fin de la comunicación.

Veamos que no hay ataque sin miedo. Es decir, el ataque es producto del miedo, por lo tanto, el miedo es una forma de defensa. Sentimos que podemos ser atacados, así es que el miedo es una creencia que nos mantiene alertas ante el inminente peligro, una creencia que promete protegernos del afuera, o incluso de nosotros mismos.

«Si no hubiera miedo, no estarías vivo», dice el ego. «Gracias a mí es que la vida es posible», pregona. Hemos creído esto, y estas creencias tienen raíces profundas en nuestras percepciones. Tanto así que el miedo parece tener voluntad propia. De esta forma, experimentamos miedo sin razón aparente. El miedo puede calar hondo en nuestra percepción, podemos incluso tenerle miedo al miedo o experiencias similares, como la ansiedad y la depresión.

Confiamos en el miedo, sin darnos cuenta de que este le teme a todo, le teme a morir y también le teme a la vida, pero su temor mayor es aquello que nosotros necesitamos descubrir para liberarnos del estado paranoico y psicótico que crea esta ilusión. Tanta realidad hemos depositado en él que hemos olvidado lo que es vivir con gratitud y confianza. El miedo tiene sus propios subproductos: la ira y el odio. Dos emociones que no pueden llevarnos a buen puerto.

Entonces, ¿de dónde surge tanto interés por las vidas pasadas? Crees que puedes encontrar respuestas si pudieras tener acceso al conocimiento de tus vidas pasadas. Esta lógica te llevará sin demora a la conclusión y la creencia de la reencarnación. Y no estoy diciendo que esto sea posible o no.

Pero ¿en qué nos puede ayudar tener esta información? Todo este periplo no puede venir de otro lado que no sea del mundo de la confusión. Es tu idea sobre la vida, tu escueta y distorsionada percepción sobre lo que es la vida y la desvalorización que hacemos de ella la que nos sumerge en un mar de conceptos sin sentido.

Piensas que la vida es lo contrario a la muerte, y de esta absurda percepción se ha creado un mundo de ideas, conceptos y pensamientos en los cuales las emociones han ido ganando terreno. La representación del tiempo en forma lineal es el marco perfecto para una distorsionada percepción de los efectos que este tiene. Es nuestra definición del tiempo la puerta a un sinnúmero de falsas percepciones las cuales nos llevarán a experimentar la vida como si fuera solo un puente a la muerte.

La dualidad es la característica de nuestro sistema de pensamiento. Todo tiene una contraparte absoluta y es difícil, desde nuestro estado de ensueño, escapar de las garras de los opuestos.

*No es hasta que la experiencia del SER se manifiesta que podremos ser testigos de este proceso sin identificarnos con la dualidad o, propiamente dicho, con la mente.*

Esta misma lógica es la que nos lleva a pensar que la paz es lo contrario de la guerra. Otra vez, la mente dual, haciendo alarde de sus principios y finales. Para la mente hubo un comienzo y, por lo tanto, tiene que haber un final. Insertar la semilla de la idea que nos permita comprender cuán distorsionada es nuestra percepción con respecto a la naturaleza del todo es hoy indispensable. Tan solo duda de esto, y comenzarás un viaje de grandes descubrimientos.

*Tan solo dale un mínimo cobijo a la idea de que no hubo un principio y lo eterno comenzará a desplazar falsas percepciones que abarcan todos los aspectos de tu vida y tu sentir.*

La vida no puede ser lo contrario a la muerte porque la vida es real y la muerte un invento del ego. Es necesario en tu camino de regreso que este entendimiento llegue de forma, al menos, fugaz. Apenas un atisbo te llevará a diferentes estadios de conciencia y, por ende, a una comprensión más asertiva. Si bien no será el final de nada, puede que sea el comienzo de grandes aventuras adentrándote en el conocimiento de ti mismo.

El ego no quiere otra cosa que perpetuarse y eso lo piensa lograr a costa de ti, lo cual es totalmente necesario porque ante tu presencia no es nada. Crees temerle a la muerte, lo cual no es posible porque solo le puedes temer a lo que conoces; entonces, le temes a la vida, y esto es porque crees que conoces lo que esta es, y al mismo tiempo piensas que la has dotado de debilidad y que has podido atarla a las cadenas del tiempo. Pero no sabes ni lo uno ni lo otro. Indagar en este tema es fundamental, porque la verdad siempre sale a la luz; la verdad es la luz, y no hay cosa alguna que se pueda ocultar de su realidad. No hay dos verdades: o es la vida o es la muerte, y la segunda es solo un invento del ego, una fabricación.

Entender que solo hay vida y que esta nunca comenzó te llevará a la experiencia del no principio y el no final. La eternidad nunca comenzó en algún pasado y tampoco se perpetúa en futuro alguno. El presente se irá manifestando con mayor intensidad en tu experiencia a medida que esta comprensión extienda sus raíces. ¿Cómo no enloquecer en un mundo que le teme a la vida tanto como a la muerte, un mundo que le teme al pasado y al mismo tiempo le teme al futuro? Esto es inevitable puesto que el concepto del futuro tiene sus raíces en la identificación con el pasado y la realidad que le otorgamos.

La muerte solo sucede en el pasado y en el futuro, jamás en el presente. El presente es vida, y vida eterna. «Siempre» no puede ser experimentado en otro momento que no sea ahora. «Siempre» no es futuro y mucho menos pasado; «siempre» es ahora eternamente aquí. Pensar en reencarnaciones nos dará la idea de nuevos comienzos para distintos finales, es decir, crea la ilusión de nuevas oportunidades en otras circunstancias. Conceptos que no pueden más que alejarnos de la gran oportunidad que tenemos ahora mismo de despertar, de vivir y amar con intensidad inusitada.

# SIENTES UN LLAMADO LEJANO

*Un llamado que te insta a sentirte bien. Parece venir del pasado, parece venir del futuro. Parece haber distancia. Siéntate en actitud contemplativa, intenta escuchar. Es una voz, es un sonido, puede ser música.*

Inspira profundo. Al exhalar, cierra los ojos. Los pensamientos y las emociones son solo visitas; algunas son bienvenidas, otras no tanto, pero son solo eso, visitantes. En cada inspiración, los pensamientos se activan, parecen cobrar vida. En cada exhalación, comienza a mermar la actividad. Contempla el flujo de pensamientos, sentimientos y emociones. Tú no eres nada de eso. Continúa en actitud contemplativa, tu viaje recién comienza. Intentas conocerte, saber quién eres más allá de toda esta corriente de pensamientos, emociones y sentimientos. Pues... no eres nada de eso.

Las sensaciones en el cuerpo vienen y van: dolor, placer. No eres nada de eso. Intenta ir más allá de todo eso, dejar atrás la ilusión es tan simple como estar aquí y ahora. Nada hay en el pasado para ti, las hojas secas no son otoño. No hay nada en el futuro para ti, esas imágenes no tienen vida.

Pregúntate...

¿Qué sabes del amor? ¿Qué sabes del perdón? ¿Qué sabes de la culpa y el miedo?

No mires con los ojos del cuerpo, estos siempre te muestran lo mismo. Un mundo que, aunque parece cambiar, siempre arroja los mismos resultados, siempre te lleva a los mismos lugares, hasta la desesperación.

*Observa con los ojos que no son parte de la ilusión, ve más allá de las imágenes y de las emociones que estas te provocan.*

Intenta no juzgar, es imposible, entonces tan solo no te identifiques con el juicio, no creas que eres tú quien juzga. Entenderás que ni siquiera eres tú quien piensa. Continúa así, siendo testigo, contempla.

Inspira y expira, abre los ojos lentamente, contempla el mundo que inventaste, objetos sin vida, cuerpos que puedes temer u odiar, y siendo honesto contigo mismo, dime, ¿qué ves de bello? Cierra los ojos nuevamente, hay otro mundo allí en el cual puedes sentirte en paz. Visita tu jardín interior, continúa sembrando y cuidando las semillas del amor, allí donde la gratitud florece.

El mundo exterior, el mundo físicamente manifestado, es ilusión. Aun así, también se puede escuchar la voz que dice: «Vale la pena, sacrifica el momento presente en pos de tus sueños de ilusión». Es el mundo del dolor porque es el mundo que está sujeto a las leyes del tiempo y el espacio, que son lo mismo. El mundo interior, sin tiempo, no vale la pena, porque la pena no tiene lugar allí. En tu jardín interior no hay sacrificio, los frutos son bien conocidos por ti, no obstante, no dejarán de sorprenderte. La voz del mundo interior no te pedirá que sacrifiques nada, te dirá que entregues todo lo que no sirve para tu evolución a cambio de todo lo que necesitas.

Son estos tiempos idóneos para volver, para volver a ti. No temas encontrarte a ti mismo. Nada de lo que has creído ser es lo que realmente eres. Pronto, pronto se desvanecerán falsas creencias que te atan a un nombre, a un cuerpo y a un sistema de creencias que tan solo te han mantenido esclavo de un falso amo: el ego.

**Todo secreto no puede ser más que mentira**

Porque nada puede ocultarse a los ojos de la creación. Todo aquello que se disfraza de misterios y ocultamientos no va camino a la verdad. El secreto es que no hay secreto.

*El mendigo siempre tiene algo que compartir; la mano tendida está siempre, para dar y recibir. La creencia de que podemos ocultarnos ha sido una caída sin fin.*

**¿Se puede compartir lo que deseamos aún sin creer tenerlo?**

Esto iría contra las leyes de este mundo. Escucha, hermano mío, comparte esas palabras que quieres escuchar, da esas miradas que quieres recibir, esos abrazos que quieres sentir. Piensa cómo deseas ser pensado y conocerás a todos al mismo tiempo que te conoces a ti.

Los deseos son importantes en nuestro desarrollo, son un impulso dinámico que nos exhorta a responder con nuestras mejores habilidades, lo que se resume en ser responsables. Atender al llamado de nuestros deseos será el viento que avive nuestra llama de vida. La fuente del deseo no puede ser corruptible o poluta; no les temas. Algunos serán susurros del ego, no te serán difíciles de distinguir; otros serán de naturaleza divina, estos nunca tienen sed de venganza ni intentarán superponer tu razón sobre la razón de otros, tampoco tendrán prioridad sobre la necesidad de tus hermanos de encontrar la paz y la gratitud.

Luego, ya adentrados en el entendimiento de la naturaleza del ser, en pleno silencio, desearás menos y lo poco que desees lo desearás poco.

# SOMOS HIJOS DE LA GRAN CANCIÓN

Notas que celebran la creación. Así como canción que somos, cada nota es importante y ninguna puede faltar porque, incompleta, la sinfonía no puede ser real. Toda nota es una vibración que reverbera en todos; todos somos la canción. Cada encarnación, cada cuerpo que el ser habita es una nota en particular. Hay notas a lo largo de toda la creación que han tenido connotaciones particulares, como Buda, Cristo. Algunas de estas notas ya no pueden ser relacionadas con un nombre o un cuerpo, pero su esencia sigue reverberando en la canción infinita de esta experiencia.

*A su tiempo, cada uno comenzará a escuchar la música más bella; el secreto es percibir todas las notas. Por separado, solo pueden contar parte de la historia; por separado, solo pueden mostrar fragmentos de la verdad, pero al unirlas en un sentido real nos mostrarán el camino de regreso a nuestro ser.*

A lo largo de nuestras vidas nos encontraremos con notas que nos harán dudar sobre la naturaleza divina de la creación; se nos hará casi imposible entender cómo esa vibración podría llegar a ser parte de la gran canción. Mantente sereno, porque tampoco entenderás con profundidad aquellas notas que parecen ser la canción completa.

Estas notas que parecen encarnar la verdad son llamados santos, maestros, gurús. La mayoría de estos maestros no fueron comprendidos por sus contemporáneos, pero han sido notas necesarias en el plan divino para tu retorno. Circunstancias especiales propiciaron este tipo de manifestaciones para corregir falsas percepciones.

Estas experiencias fueron trayendo el entendimiento del error, mostrando de esta forma que el pecado fue solo una invención del ego. Comprendiendo que todo error puede ser corregido, nos dieron alas de libertad, vientos de paz y transformaron nuestra percepción de cara a la posibilidad del perdón.

La concepción del error y la posibilidad de la corrección de este descansa en el perdón.

# DESVANECE A TU ENEMIGO

Necesitamos salir al mundo para aprender de él. A medida que interactuamos, aparecen ante nosotros diversas circunstancias que van marcando nuestra experiencia y formando nuestro sistema de creencias y pensamientos. Aprendemos sobre la amistad distinguiendo amigos de enemigos. Pero ¿quiénes son nuestros enemigos y cuál es la razón de su existencia? Consideramos a ciencia cierta que nuestros enemigos son aquellos que nos impiden realizar lo que deseamos, los que perturban nuestros pensamientos, los que tememos. El enemigo invade, roba o hiere; pueden quitarnos cosas, incluso seres. Al enemigo se le aborrece.

Veremos que los enemigos, esas personas a las que odiamos, van cambiando sus rostros a lo largo de nuestras vidas: unos eran en la escuela, otros aparecieron como indeseables vecinos, jefes o compañeros de trabajo, padres o hijos. Esto por hablar de enemigos que tienden a durar en el tiempo. Luego están los enemigos que ni siquiera conocemos, como por ejemplo el cambio climático, el frío, el calor, el viento… efectos que a nivel extremo pueden ser algo temible, algo que atente contra nosotros, contra nuestro cuerpo. En esta sociedad politizada, veremos que nuestros enemigos se multiplican en forma de políticos, ya sea de nuestros países o de otros, extraños que parecen ejercer su poder sobre nosotros.

Así es que comenzamos a creer que hay más enemigos que amigos. Cuántas veces oímos decir que los amigos se cuentan, con suerte, con los dedos de una mano. Pero para los enemigos no alcanzan las manos de los nacidos ahora, antes o después. Entonces, creemos saber quiénes son, pero el ego, en su infinita astucia, también nos enseña que el enemigo puede incluso ser invisible, estar camuflado entre nosotros. El ego sospecha esto y más. Ahora solo intento verter algo de luz sobre este concepto y espero sea suficiente como para dejarlo algo más expuesto a nuestra conciencia.

¿Cómo desvanecer las dudas sobre nuestro estado de inocencia si todo lo que vemos es un mundo sin sentido, peligroso y con enemigos en constante acecho? Podemos construir infinitas barreras, colocar miles de cerraduras, pero al llegar la noche, no habrá forma de detener sus efectos. Solo basta con pensar en tus enemigos para que todas las falsas protecciones se desvanezcan ante nuestra mirada incrédula. Cerraste todas las puertas, las ventanas están tapiadas, cadenas y alarmas, pero el más leve pensamiento es capaz de abrirlas para que la dimensión del miedo dance a sus anchas en tu mente. Murallas de tamaño infinito jamás serán suficientes. Tus enemigos intentarán entrar por aquellas puertas que cerraste, luego por las ventanas, hasta que se percaten de que el camino a ti eres tú mismo, es tu propia mente la que allanará el camino, porque es ella misma quien los alberga.

¿Cómo puede la divinidad mostrarte la irrealidad del miedo? ¿Cómo mostrarte la futilidad de tantos enemigos inventados? ¿Cómo llevarte a la comprensión de que es tu propio juicio lo que te ha llevado al caos?

¿Cuánto tiempo podrás seguir engañándote sobre la irrealidad de tus enemigos a no ser que los veas traspasando las paredes como si de una simple niebla se tratara? Si ellos pueden llegar a ti en sueños y pensamientos, ¿qué puede detenerlos de intentar hacerte daño? El enemigo tiene una condición que lo caracteriza: es culpable. Culpable incluso de nuestras emociones hacia él, rabia, ira, miedo, dolor, venganza. Culpable y debe ser castigado, por mí, la ley o Dios.

Ahora, entiende esto, contempla por un instante.

*Nuestros pensamientos no pueden abandonar la mente. No pueden atacar. Si estás en esta creencia serás propenso a quemarte en la hoguera que tú mismo enciendes.*

Tus pensamientos no pueden atacar, no pueden dañar, tampoco protegerte con falsas imágenes de corazas doradas. Las armas de doble filo tienen esa función, crees que puedes defenderte con ella y también crees que puedes hacerte daño. Si el enemigo es culpable en su error, no podré más que creer que no existe el perdón para él, por lo tanto, tampoco para mí. Así es que vivimos en un mundo de condenados, los unos por los otros.

Recuerda esto, no existe gente mala, solo existe gente que actúa con maldad y la única razón es que no son conscientes. El estado de conciencia implica la total certidumbre de que todo daño que ocasione me lo estoy infringiendo a mí mismo y, por lo tanto, a toda la filiación.

*Nadie consciente le hace daño a otro ni a sí mismo. La persona que actúa en contra de los principios del amor no es consciente de lo que hace, por lo tanto, está en un error.*

Despertar de la pesadilla es abandonar el miedo, es abandonar lo que no tiene realidad. Entender que no hay enemigos fuera es aceptar que no puedes atacar. Entender que los enemigos que has inventado no tienen el poder de hacerte daño te llevará un paso más hasta la comprensión de tu sistema de pensamiento.

*Desvanecer a tu enemigo es abandonar la culpa, entender que no hay error que no pueda ser enmendado. Solo te pido que me acompañes en este pequeño recorrido por mi sentir, puesto que lo que es verdad es para todos o no será.*

# EL PROBLEMA DE LA MEMORIA

No recordamos los hechos en sí, sino nuestra percepción de ellos. Podemos revisar el pasado tantas veces como queramos, pero es imposible evitar hacer pequeños cambios, ya sean voluntarios o involuntarios, que provienen de nuestras cambiantes percepciones. Los recuerdos parecen tener vida propia, evolucionan con el tiempo a medida que incorporamos nuevas experiencias. Estas experiencias modifican y condicionan nuestro juicio, lo cual es lógico, ya que nunca juzgamos con total conocimiento de la verdad. Al contrario, nuestros juicios son completamente subjetivos.

De esta forma, lo que parece ser concreto y sólido en nuestro pasado termina siendo tan solo otra fabricación de nuestra mente, basada en nuestras falsas percepciones. Si consideramos que creemos ser nuestro pasado, es decir, que nuestra personalidad se crea en base a la experiencia de lo vivido, podemos decir que hay poco de verdad que nos pueda ayudar a saber quiénes somos al bucear en las profundidades del pasado. El pasado se presenta en imágenes, puede ser en colores o en blanco y negro, puede tener sonido y textura. Sin mencionar los efectos que tienen en nuestras emociones y lo que estas producen en nuestro cuerpo; aun así, nada de eso le otorga realidad.

*El problema con la memoria no está en ella misma, puesto que nos resulta muy útil en nuestra vida cotidiana, pero como toda herramienta, mal utilizada puede volverse en nuestra contra.*

La memoria selecciona qué es necesario y qué no recordar, incluso puede recordar el futuro, como sucede en los tan conocidos *déjà vu*. Tan multifacética puede ser, y aún más.

Saber utilizar esta herramienta es menester de todo artesano de la vida. Mucho más diremos y hablaremos sobre la memoria; es necesario. Hoy te invito a reflexionar sobre lo siguiente: indaga sobre las posibilidades que el uso de la memoria tiene. No pienso dejarte solo con esto y te revelaré algo que es una gran verdad para mí. Es uno de mis descubrimientos más bellos, una verdad que solo puede serlo si, al compartirla, es verdad para ti también.

*Acompáñame tan solo unas frases más y juntos veremos la maravilla que la memoria nos puede regalar, la maravilla que, al ser revelada, nos llevará fuera del tiempo, fuera del ayer y del mañana. El gran secreto, que la falta de sentido común ha puesto un velo sobre nuestros ojos, es que la memoria puede ser utilizada para recordar aquello que no podías concebir fuera posible. La memoria tiene una función primordial: recordar el momento presente. No subestimemos este poder, porque te digo, amigo mío, es la llave de la plenitud.*

# LA ATENCIÓN NO ES ESTAR ENFOCADO

Si te pido que observes un árbol durante cierto periodo de tiempo, verás que existe la tendencia a enfocarnos en un punto específico. Esto es un proceso automático de la mente. La mente intenta ser lo más acertada posible y afina aquel sentido que queremos utilizar. En el caso de la vista, al observar el árbol y centrarte en el follaje, verás que terminarás concentrándote en una hoja en particular. Lo mismo sucede al momento de enfocarse en algún problema; la mente intentará dilucidar la solución centrándose en el punto más pequeño, aquello a lo que ella intenta otorgarle la calidad de raíz, pero de esta forma veremos acotada nuestra capacidad de percibir el todo.

En las matemáticas sucede algo parecido: la mente tomará una ecuación compleja e intentará simplificarla, despejarla hasta encontrar la solución. Sentados sobre la hierba, comienzas a observar el movimiento de esta con el viento. Llegado cierto punto, terminarás centrando tu atención en una en particular, hasta cada detalle de esta, todo se sumirá en una minúscula porción del todo.

Intentar ver el movimiento del viento sobre la hierba en su conjunto nos lleva a entender la diferencia entre estar atento y estar enfocado. La atención nos lleva a una experiencia que puede abarcar muchos más aspectos en simultáneo; de tal forma, serás capaz de ver todas las hojas del árbol en movimiento. Todos los aspectos en plena acción, incluyendo al mismo observador, pueden ser contemplados.

*De esta forma, irás descubriendo capacidades que parecían ocultas a tu conciencia; poco a poco, también verás que, aunque estés observando la parte más minúscula, serás capaz de entender que allí mismo se está manifestando el todo.*

# MATRIX DESDE OTRO ENTENDIMIENTO

*Matrix* se transformó en una película de culto. Nos llevó a replantear ciertos aspectos de la existencia y generó dudas sobre nuestra aparente realidad y percepción del mundo. Muchos fueron convencidos o seducidos con la idea de estar viviendo un sueño, mientras nuestro cuerpo «real» se encontraba conectado por tubos a una máquina casi maligna. Viviendo el sueño que *Matrix* proporcionaba, vemos que es igual a nuestro mundo conocido. Neo comienza entonces a percibir mensajes que lo impulsan a la búsqueda de una respuesta, una respuesta a su insatisfacción.

¿Te recuerda esto a algo que hayas vivido? A lo largo de tu vida, ¿acaso no has experimentado el sinsentido de la existencia? ¿Surgieron preguntas sobre tu razón de ser?

La historia hace uso de una necesidad que experimenta la humanidad: la necesidad de ser libres, de escapar del sufrimiento, de comprender cuál es la naturaleza de nuestra existencia, alegrías y vicisitudes, la llegada de una justicia que parece vivirse en eterna espera. Morfeo revela a Neo una supuesta realidad, una realidad en la que su cuerpo «real» es usado como una especie de pila eléctrica de la cual una gran máquina se beneficia. A cambio de esa energía, le proporciona experiencias que le hacen creer una ficción. Esta ficción, según cuenta la historia, es nuestro día a día. Entonces, todos en un sueño nos relacionamos e interactuamos con todos los cuerpos que están conectados a *Matrix*.

¿Cuánto nos emocionamos en esa apoteósica escena en la cual Neo despierta del sueño, casi un parto en el cual él, apenas con fuerza, débil, experimentando un cuerpo que en «realidad» nunca se había movido, logra desprenderse de todos esos tubos que tenía conectados al cuerpo, como una suerte de cordones umbilicales que lo mantuvieron con vida durante toda su experiencia en *Matrix*?

Neo «despierta» y se reúne con otros humanos que han logrado sobrevivir y luchan contra esta máquina esclavizadora. En fin, Hollywood.

Recuerdo haber salido del cine con un gran sinsabor, algo asombrado también, como si hubiera sido testigo de una verdad oculta durante mucho tiempo. Sin duda, la película había logrado el efecto deseado. Ahora, vayamos un poco más profundo en el entendimiento del propósito de esta y la gran falacia que plantea, falacia que pudo confundir a muchos buscadores espirituales, imagino yo, solo por algún tiempo.

El propósito de la película, a sabiendas o no de sus realizadores, es entorpecer nuestro sentido común, ser un obstáculo más en la comprensión de lo que es la realidad, la verdad, y nosotros mismos en relación con la creación y la divinidad, llamémosle vida, Dios, Buda, Energía, etc.

Si aún no viste *Matrix*, te invito a no verla. En el mundo de *Matrix*, los seres humanos, al igual que ahora, vivían vidas comunes; es decir, lo que ves ahora es lo que se ve en el sueño de *Matrix*. Entonces, habiendo pobres y ricos, sanos y enfermos, fabricación y destrucción, ¿por qué *Matrix* tendría la necesidad, en su sueño fabricado, de expresar la enfermedad, el dolor, la muerte? ¿Por qué no eran todos ricos y poderosos, sanos y eternos? Utilizando una lógica económica y funcional, podríamos decir que esta máquina necesitaba que estos cuerpos secretaran diferentes sustancias que *Matrix* necesita para funcionar, por eso en el sueño ofrecido todas las experiencias que conocemos como buenas o malas tenían lugar.

¿Despierta Neo al paraíso? No. ¿Despierta Neo en un mundo mejor? No. Neo despierta a un mundo aún más carente. La experiencia en este mundo supuestamente real es prácticamente horrible; viven bajo tierra, la comida es una suerte de pasta azul sin gusto y están en constante batalla contra máquinas asesinas. Nos hace pensar que el infierno no es tan malo después de todo. ¿Despierta Neo? ¿O solo cambia de una experiencia aparentemente falsa a otra que también es falsa? Esto es lo que profesa la película hasta que nos da la solución, otra solución que nos da un respiro, un aliento de esperanza.

Neo descubre quién es realmente, aparentemente. Neo se libera cuando tiene el control total sobre *Matrix* y sobre sí mismo. Ahora esquiva las balas, se mueve a gran velocidad y *Matrix* ya no tiene poder sobre él. Esto parece ocurrir tanto en el sueño como en la supuesta realidad. El poder de controlar el sueño como la realidad es lo que le otorga a nuestro héroe toda nuestra admiración e intención de imitar. ¿Quién no querría ser Neo hasta este punto?

Ficción. El problema con la ficción surge cuando intentamos que encaje en nuestras vidas y forzamos la idea de que podemos controlar el mundo exterior. El autoconocimiento, en contraposición a la historia, poco tiene que ver con el cuerpo. En *Matrix* se le otorga realidad a lo que no la tiene: las máquinas, el útero mecánico, el cuerpo de Neo.

La necesidad de una máquina por energía y vida es falsa. Es necesario creer en improntas sin sentido para poder acomodar nuestro razonamiento en función de esta trama y, de esta manera, entrar en una lógica totalmente distorsionada, la lógica del ego.

*Despertar nada tiene que ver con el cuerpo. Despertar es comenzar a percibir el cuerpo como lo que es, tan solo un medio, un medio de comunicación.*

# DE LA CULPA A LA LIBERTAD, LA DECISIÓN DE SER FELIZ

Ahorrar tiempo es imprescindible en la comprensión, o al menos en la intención de verter algo de luz sobre este tema. La apología de la culpa es, sin duda, una fabricación del ego, necesaria, sí, para su plan maestro o, mejor dicho, para su tan esperado desenlace.

Para entender cuál es la función de la culpa, tenemos que entender cuál es el plan del ego, y de esta forma saldrá a la luz cuál es la utilidad que este le dará.

*Acompáñame en este camino, indagaremos juntos en nuestro sentir y, de esta forma, podremos dilucidar un aspecto de la fabricación de nuestro sistema de pensamiento que nos ayudará y encaminará a una nueva forma de sentir y percibir el mundo que nos rodea.*

Este tema lo voy a tratar suponiendo que vienes ya en camino a tu despertar y que la decisión de dejar atrás falsas creencias, percepciones y traumas es una realidad en tu sentir. Dicho esto, te revelaré aquí y ahora cuál es la intención última del ego con respecto a ti. El ego te quiere matar. Sin más, esta es su intención.

Es lógico que no te baste con esto para orientar tu percepción en este sentido, puesto que tantas veces te identificas con el ego y crees serlo, que ponerte en la situación de desprenderte de su compañía te resultaría inconcebible, hasta doloroso.

Estarías dispuesto a perder la cabeza antes de imaginar dejar de escuchar su voz. Así de seductora puede ser la imagen que nos muestra su oscura interpretación. ¿Cómo podría entonces yo estar intentando matarme a mí mismo? Esta es la locura que nos presenta la idea que tienes de ti, idea que nos susurra en cada oportunidad en la cual nos encuentra distraídos.

El ego es producto de una percepción errónea, la percepción de que te encuentras separado. Separado de las cosas, de los otros, ya sea tu hermano, padre, madre, hijos, amigos y enemigos, separado del amor, de la paz y de la gratitud, de las ganas de vivir, compartir y dar. Separado de ti, de la creación y de la fuente de todo.

Esta percepción de separación es lo que ha dado lugar a un sinfín de emociones, sentimientos y pensamientos que nos han ido alejando de la verdad. De la verdad sobre nosotros mismos y nuestra naturaleza.

Piensas ahora que nos hemos ido alejando del tema a tratar, la culpa, pero todo lo contrario, hasta ahora hemos allanado el camino a nuestra comprensión. Esto parece llevar tiempo, y yo te digo, hermano mío, que la inocencia que está en ti no duda en recibir estas palabras como la cuna que te mece; no duda en llevar paz y amor a tu sueño de pesadilla.

La culpa es juicio. Intento encontrar las palabras que nos lleven rápidamente a esta comprensión y sus efectos, y claro está que es un error, puesto que es necesario no alejarnos del objetivo. El objetivo es hallar la causa y no entretenernos en los efectos.

Estamos viviendo bajo tantas exigencias impuestas y autoimpuestas que la vida se nos está haciendo extremadamente difícil. Parece que nunca logramos cumplir con las expectativas que la sociedad demanda; no somos lo suficientemente inteligentes, talentosos o aptos. No somos tan buenos como al parecer deberíamos.

El fracaso es constante, los supuestos éxitos son efímeros, al mismo tiempo todo logro alcanzado parece quedarse rápidamente en el pasado para que otra zanahoria quede a la altura de nuestros ojos, horizonte inalcanzable de deseos y necesidades. Metas de esfuerzos que parecen ser humanamente posibles o no, eso sí, en desmedro de nuestras relaciones, paz, alegrías y nuestra salud mental, emocional y, claro está, física.

Entendamos esto: culpable no es aquel que comete un error que puede ser enmendado. Ya que el asesino es culpable, no se puede enmendar; irá a la cárcel y cumplirá su condena. Aun así, seguirá siendo culpable y condenado por el dolor causado, por sí mismo o por la moral de la sociedad.

Podemos decir que la culpabilidad es, en sí misma, la definición de pecado y viceversa. El error, sin embargo, puede ser enmendado porque se puede perdonar. En esta lógica, la diferencia entre un error y un pecado es el perdón. Tanto el pecado como el error están sujetos a la percepción, puesto que lo que puede ser un pecado para unos puede no serlo para otros en dependencia de la estructura de pensamiento y el condicionamiento moral; así mismo sucede con el error.

El asesino, a su vez, podría estar cometiendo un pecado o no, también en dependencia de la percepción; por lo tanto, dicho acto también es subjetivo. Para el ego, tú eres culpable por el simple hecho de existir; tan solo con que tu imagen se vea reflejada en el espejo es suficiente prueba de tu estado miserable. Este es el concepto que el ego tiene de ti, y de sí mismo; de todas formas, tú te rindes a sus creencias cada vez que la culpa ocupa tu mente y proyecta el mundo que ves con los ojos del cuerpo.

Para que exista un pecado se necesita un victimario que no pueda ser perdonado, y una víctima o juez; y en este juego es en el que estamos atrapados constantemente. Nos creemos y sentimos culpables, casi constantemente. Te digo, hermano mío, que todo error puede y es enmendado en el mismo momento en el que se comete y se toma conciencia de este.

*Mientras sigas pensando que puedes ocultarte de la verdad y del amor, creerás que eres culpable por siempre. Es solo un paso, un pequeño ajuste en tu percepción, y pasarás de estar encadenado al pasado y futuro a tener alas de eterno presente.*

Entiende, hermano mío, que ya no puedes, no quieres seguir ocultándote, porque ¿cómo puedes ocultar de la creación lo que le es más amado? ¿Puede el hijo ocultarse de su padre cuando este nunca soltó su mano?

# EL JUEGO DE LA VÍCTIMA Y EL VICTIMARIO

*Al percibir el mundo desde la lógica errónea del ego, es imposible liberarnos de las garras del juicio, que es, en definitiva, el campo de batalla donde la culpa retoza en desquiciado frenesí.*

Sentimos que la culpa es necesaria, nos brinda un marco de seguridad, y tendemos a darle más importancia al marco que a la propia imagen. Así, parados frente a esta pieza de arte, nos encontramos deslumbrados con sus adornos, vericuetos y brillos que encandilan, y no logramos ver la imagen que este lienzo nos muestra.

El otro es culpable por la simple razón de estar separado de mí. Este concepto es un pilar que sostiene parte de la creencia en nuestra vulnerabilidad que, lejos de enamorarnos de la inocencia, nos lleva a crear inútiles barreras para defendernos del tan prometido ataque. El otro tiene otro cuerpo, y esto es suficiente para que sea peligroso.

La culpabilidad en el otro solo es posible en la medida que yo también sea culpable, porque la culpa es una experiencia, y solemos otorgarle realidad a la cosa si la cosa es experimentada por nosotros. Así es que el otro sufrirá el castigo que merece en la medida que yo experimente tan desquiciada sensación. Parece una broma, pero es una broma de mal gusto y de consecuencias nefastas para todos.

*Vamos por la vida ajusticiando y siendo ajusticiados en un loop interminable de condenas y castigos que nos alejan de todo lo que realmente necesitamos para sentirnos en paz.*

¿Pero qué obtenemos de todo esto que nos hace caer en la tentación de vivir en base a esta distorsión del pensamiento? Obtenemos placer. El placer que nos proporciona el dolor. Al sentirnos condenados y culpables, creemos estar pagando nuestra deuda con alguien o con algo que no logramos comprender, un banco imaginario que lleva nuestras cuentas y emite facturas sobre el bien y el mal.

La culpa corre por las venas del ego. Envenena nuestra sangre, impulsado por sentimientos de venganza, este torrente amarga la experiencia. El ego dice que tenemos que pagar nuestras deudas, así que iremos por la vida vengándonos de todos nuestros deudores; por lo tanto, si creo deber algo, es justo y lógico que paguemos hasta el fin de los tiempos.

Te digo, hermano mío, que ya pagaste tus deudas miles de veces. Con tan solo una vez que hayas hecho ese viaje es más que suficiente; es un viaje sin sentido a ninguna parte. Dejar de sentirte culpable es comprender que no hará de esto un mundo mejor, todo lo contrario. Dejar la culpa es dejar de juzgar; dejar de juzgar es lo que te alejará de los ataques de pánico. El origen del miedo, la culpa y el pánico es el juicio.

Perdonar parece ser, al menos en este plano de la existencia y solo en este plano, la herramienta divina que nos llevará a escapar de la locura. Tienes que saber que, en planos superiores, el perdón no es necesario, puesto que no existe el pecado, solo errores a enmendar. Veamos el pecado desde una definición muy simple. Pecado es la creencia infantil de que podemos ocultarnos de los ojos de la verdad. Es la vergüenza injustificada de creernos expuestos al juicio de quien podría estar viendo fealdad. ¿Podría la vida ver fealdad en su perfecta creación que, a su vez, es ella misma?

Lo contrario al amor no es el odio, lo contrario al amor es el miedo. El ego quiere destruirte porque eres la prueba viviente de su irrealidad. Eres el verdadero y único testigo que no puede posar su mirada sobre lo que no existe. El ego, sin embargo, no es más que tu fabricación. Un error que, al verlo, se disuelve. Te digo, hermano mío, que poco falta para que des testimonio de su irrealidad.

Pero ¿qué quiere y puede destruir el ego? El ego quiere destruir el cuerpo, porque es en lo único en lo que cree y donde ha depositado su reino de dolores y placeres, de conflicto, división y culpa, miedo, odio y desesperación. Su cometido último es destruir aquello a lo que tú le has otorgado mayor realidad, lo que erróneamente crees ser, y así demostrar que él es único y poderoso, aquel que tiene poder sobre la vida y la muerte, amo del tiempo y las distancias, aquel que se sume solo al cuerpo, lo material, lo tangible, lo perecedero, aquello que se pudre.

Tener la visión te hará comprender que eres más allá de lo material, eres la vida misma. Tú no eres un cuerpo, no eres dolor y placer, no eres algo, cosa alguna, no eres el ego.

*La verdad que el ego intenta ocultarte es esta: tu naturaleza es infinita, indestructible, indivisible, sin nacimiento ni final. Eterna.*

**Ajai Alai Abhai Abai** Invencible, indestructible, sin miedo, en todas partes.

**Abhu Aju Anaas Akas** No nacido, por siempre, indestructible, dentro de todo.

**Aganj Abhanj Alakh Abhakh** Invencible, indivisible, invisible, libre de necesidades.

**Akaal Deyal Alekh Abhekh** Inmortal, bondadoso, inimaginable, sin forma.

**Anaam Akaam Agaah Adhaah** Sin identidad, libre de deseo, insondable, indemne.

**Anaathe Pramaathe Ajoní Amoní** Más allá del nacimiento y la muerte, y el silencio.

**Na Raage, Na Range, Na Rupe, Na Rekhe** Más allá del amor, más allá de la forma y el color.

**Akarmang Abharmang Aganje Alekhe** Más allá del karma, más allá de la vida, inconquistable, indescriptible.

# LIENZO EN BLANCO ERES

*Al nacer somos un lienzo en blanco. Otros toman los pinceles y van coloreando lo que una vez puro fuimos. Con cada trazo le van dando un aparente sentido a nuestra existencia, condicionados y condicionando desde su paleta de colores.*

Nombre y apellido tendrás y no faltará número de identidad. Ellos nos irán contando qué y cómo somos pero, como si fuera poco, también nos dirán cómo debemos ser, decir y sentir.

Con los años iremos creyendo en el cuadro que nos pintan. Poco espacio hay para tanto gesto. Ten en cuenta que no solo es lo que ves, ya que año tras año, una capa tras otra fueron plasmando, amontonando manchones de grasosa pintura. Interpretaciones grotescas de pinceladas y prejuicios. Asumiremos errores, nuestros y ajenos, incluso de antaño. Esta obra será nuestra personalidad, será nuestra individualidad, lo que nos separe del resto, de todos, marcará las diferencias, límites y fronteras.

Cuando cumplimos 15 años, quizás antes, quizás después, nos entregarán un pincel, nos dirán que es hora de poner nuestros propios colores; eres, al parecer, libre. Así es que nos encontramos de un momento al otro, pincel en mano, frente a un lienzo atiborrado de manchas, trazos sin sentido, sin lugar donde agregar lo original, ningún espacio en blanco que nos permita recordar de dónde venimos, nuestra personalidad ha sido establecida.

Puede que el amor a nuestros padres, el sentido de pertenencia, la necesidad de pertenecer, la búsqueda de seguridad, nos lleve a realizar un esfuerzo, intentar aceptar ese caos de colores y manchas; algún sentido ha de tener, nos decimos. En un acto de rebeldía tomaremos un trapo, intentaremos borrar y empezar de cero, es aquí cuando el ego se hará escuchar con todo estruendo: «No puedes borrar», nos dirá.

En nuestro intento por entender, pintaremos los laterales; alguien olvidó pintar allí. Los más atrevidos darán vuelta al lienzo, pintarán por detrás donde nadie los ve. El mundo tiene sus leyes, lógicas que fundamentan la necesidad de olvidar toda verdad. Algunos intentarán lavarlo; son aquellos que veremos diluirse en la sociedad, aislarse, pasar desapercibidos. Otros intentarán destruirlo; son aquellos que intentarán destruir el cuerpo, porque creen que la personalidad está alojada allí. También estarán aquellos que intentarán contar una historia diferente, increíble, algo que no tiene nada que ver con lo que allí está plasmado; son aquellos que perderán la cordura.

El ego no quiere que apartes tu atención de este cuadro, mucho tiempo y esfuerzo dedicó con este propósito. Él quiere que creas en él, que valores y atesores, que tenga prioridad sobre todo y todos. Amigo mío, un espejo te daré, no el que refleja el cuerpo.

*Cierra los ojos, mira dentro, puede parecer oscuro, pero te digo, hermano mío, que es allí donde encontrarás la luz más brillante. Contempla lo que allí ves y dime, ¿quién puede pintar el viento?*

El espejo con el que te maquillas no puede mostrar nada, no es honesto, es fiel a muchos amos, pero leal a ninguno, cambia de parecer según le apetece. ¿Sabes cuál es el error fundamental? La trampa en la que solemos caer instante tras instante. La tan nombrada tentación en la que muchos ruegan por no caer.

El error fundamental es que crees ser tu propio creador. Crees en el poder de esos pinceles, el tuyo y de otros. De esta forma, serás esclavo de estridentes colores y amargos sonidos, sinestesia de sensaciones que ocultan la verdad que tiene el poder de liberarte. Así, creyéndote artífice de aciertos y errores, irás cargando el peso de la culpa, propia y ajena, sintiendo esta injusticia que te asfixia; culparás al ciego por no ver y al sordo por no escuchar, digno de eterno castigo creerás ser.

Lienzo en blanco fuiste, eres y serás. Abandona la paleta de colores que te fue heredada, suelta el pincel que te impusieron, lienzo en blanco eres, deja que la vida dibuje y pinte. Cada vez que cierres tus ojos, ese lienzo volverá a ser blanco, una y otra vez vuelves a empezar. Mira dentro, tu mente nunca está llena, es una ilusión, nada puede permanecer allí. Ella es espacio, vacío. Una pantalla por donde pueden pasar infinitas imágenes. Pero al final, nada.

*Perdónate por tanta confusión, por tanta identificación con lo que nunca fue real. ¿Cuál es el sentido? Ninguno.*

# EL CORAJE DE SER UNO MISMO

Amigo mío, sé que estás ahí, en alguna parte, detrás de experiencias que han marcado tu sentir, detrás de miedos y palabras, pensamientos, de muros construidos a fuerza de golpes y castigos, frustraciones y dolores, sonrisas que disfrazan tu pesar.

Sé que estás ahí buscando el sentido de vivir, esperando ese abrazo que no llega, esas palabras que no escuchas, esa mirada que convertiría infiernos en cielos.

*Te digo, hermano mío, que las puertas se irán abriendo cuando comiences a dar esos abrazos que quieres recibir, pronuncies las palabras que quieres escuchar, ofrezcas las miradas que deseas se posen en ti. Porque el amor es dar.*

Cuánto duele ver tanto potencial estancado. No hay frustración más grande ni dolor más fuerte que sentirse imposibilitado de brindar lo mejor de ti. Si supieras que eso es lo que realmente quieres… quieres ser tú mismo.

Como las capas de la cebolla, irán cayendo velos y máscaras que ocultan el rostro primigenio, ese que ocultas y del cual te ocultas. La viva imagen de tu ser más amado.

Eres valiente cuando no te escondes, cuando te muestras al mundo tal cual eres, sin contar historias imposibles, aún más, sin caer en las creencias que te alejan de ti, sin miedo a ser descubierto en tu inocencia.

*Amigo mío, te digo aquí y ahora que no es a la muerte a lo que le temes, le temes a la vida, le temes a la libertad y, por sobre todas las cosas, le temes al* AMOR.

# EL SECRETO

El secreto es que no hay secreto. Observa y verás… todo lo que se presenta como un secreto no puede ser otra cosa que una mentira. La palabra «secreto» significa «poner aparte», donde no se puede ver. El secreto solo puede existir en la oscuridad; puesto a la luz, desaparece. El secreto es atractivo para el ego, ya que este exalta su especialidad. Qué más quiere aquel que se identifica con él que sentirse especial, diferente o superior. En búsqueda incesante de reconocimiento, no dudará en enarbolarse con misterios y secretos que solo él conoce, pero que, si ganas su confianza, te serán revelados.

Así es que podemos leer mil páginas en pocas horas en búsqueda de esa promesa, la revelación final, el gran secreto que nos hará libres. Lo oculto es carnada para la mente, porque su naturaleza es descifrar, ir hacia lo desconocido, saber qué hay más allá.

Tantas distracciones han intentado llevarnos a lugares inhabitables, la luna, Marte. Pero poca intención vimos de conocer lo más importante y tan cercano, íntimo, conocernos a nosotros mismos. La intimidad, ese contacto sin distancia, no podremos hallar fuera de nosotros. Afuera puedo acercarme a cero de forma infinita, dentro soy uno, sin distancia, ¿será que podremos comprender esto en su totalidad?

Parece ser que cuanto más lejos llegamos, mejor, olvidando que donde quiera que vaya, iré conmigo. Tantos lugares que llaman sagrados venden en panfletos promesas de cambios mágicos, poderes externos que transformarán nuestra percepción. Peregrinar es diferente porque, si bien existe un destino, todos sabemos que es el mismo viaje lo más importante y transformador.

Tantos visitaremos, y aún más, hasta que iniciemos el viaje del recuerdo, que no es más que regresar al punto en el que todo lo sabíamos.

# EL APRENDIZAJE DEL DÍA A DÍA

El verdadero aprendizaje sucede en el día a día; es en la acción de experimentar donde ponemos a prueba nuestro aprendizaje. Es importante entender que las pruebas y desafíos no son impuestos por un poder superior que nos juzga en nuestro actuar y pensar. De esta forma, podremos enfocarnos en el aprendizaje de nosotros mismos, o lo que se llama el conocimiento de sí.

Este conocimiento sobre nosotros mismos puede ser impulsado por la sed de entender lo que nos sucede a todos los niveles: emocional, espiritual o psicológico. La importancia de conocernos instante a instante, sin meta alguna, solo por el simple hecho de recordarnos.

Recordarnos puede llevarnos a la observación de este diálogo interno con el cual convivimos. Contemplar el diálogo interno es de vital importancia; de esta forma, comenzaremos a entender que podemos ser testigos de este sin ser tocados. La libertad que buscamos puede que comience aquí: observa tu diálogo interno.

En el día a día nos suceden muchas cosas, de más está decirlo. Actuamos, respondemos a estímulos externos todo el tiempo, pero es importante recordar que la mayoría de las veces tan solo reaccionamos a estímulos internos provenientes de esta conversación que parecemos tener en la mente.

El poder que podemos adquirir de esto no podrá evitar que situaciones desagradables nos sucedan. Es en estos momentos en los cuales el guerrero debe tomar la ventaja en un segundo, o menos, observarse. Nada de lo que nos sucede es casualidad; dado que el aprendizaje sucede en el tiempo, necesitamos tomar conciencia de nuestros actos, pero, sobre todas las cosas, del acto de elegir cómo queremos sentirnos, independientemente de cómo nos sintamos en ese preciso momento en el cual nos enfrentamos a un desafío. De todo se aprende, aunque esto signifique darte cuenta de que pareces no haber aprendido nada. Te digo, hermano mío, que lo que parece poco es mucho.

Nuestra atención necesita estar enraizada en la intención de encontrar el silencio interno; este acallará el diálogo interno sin esfuerzo.

*Sobre el proceso de conocernos, podemos decir que el acto de recordarnos, lo cual nos pondrá en el presente, es la piedra angular del camino al despertar.*

# LA PERSONALIDAD (UN OBSTÁCULO IMAGINARIO)

Es la personalidad un obstáculo? Aunque necesitamos hacerla permeable, el estudio de nosotros mismos también es el estudio de la personalidad. La personalidad no es la esencia, aunque no es necesario en nuestro aprendizaje marcar la diferencia entre una y otra.

Nuestra personalidad no es única, tenemos muchas. Las iremos observando en sus diferentes manifestaciones y niveles. La personalidad es un obstáculo en la medida en que creemos ser tal o cual cosa como un absoluto. Y créeme que tenemos muchas creencias sobre nosotros mismos, una más irreal que otra.

Nuestro comportamiento y relacionamiento con el otro dependen de la personalidad que tome autoridad en el momento, depende del rol que estemos cumpliendo o creyendo cumplir. Así mismo, nuestra percepción estará condicionada a esta circunstancia.

Es el recuerdo de SÍ lo que nos hará testigos de lo que sucede y de esta forma podremos comprender desde un nivel de consciencia superior. Este entendimiento nos pondrá fuera del alcance de la reacción, de esta forma podremos comprender la diferencia entre esta y la respuesta.

Responder dista enormemente de la reacción, que es un acto mecánico, automático.

*La mejor forma de responder ante cualquier circunstancia, externa o interna, es teniendo el tiempo suficiente para observar la reacción antes de que pase a la acción. Un amigo siempre me dice: «Eres dueño de tu silencio y esclavo de tus palabras».*

## EL ESFUERZO NO ES SACRIFICIO

*Dos entendimientos sobre el hacer: el objetivo o la meta y la dependencia del fruto del proceso. Con respecto al hacer, la acción misma de emprender un camino con firme decisión en los resultados no garantiza el éxito.*

*Emprendemos con ganas, enfocados en un resultado planificado, lo cual puede o no llevarnos a concretar lo que deseamos.*

*Esto que parece un fracaso, no lo es. En el Bhagavad Gita se menciona que el fruto de la acción es dependiente del proceso.*

# LA ABSTRACCIÓN

La abstracción está lejos de ser aislamiento. Para muchos, abstraerse tiene connotaciones negativas; se considera que perderemos consciencia del entorno cuando, en realidad, es todo lo contrario. En la experiencia de abstraernos, nuestro estado de consciencia se acrecienta; la presencia se manifiesta de muchas formas, incluso aumentando en primera instancia los sentidos para luego dar lugar a la percepción del momento presente. Cuando llevamos la atención al momento presente, nos predisponemos a recordarnos. Es en este recuerdo de nosotros mismos donde el momento presente y la experiencia de ser aquí y ahora manifiestan un estado de consciencia que nos pone de cara al conocimiento de nosotros mismos.

Despertar, en el estado actual, es una utopía. Pero… ¿qué podemos hacer? En primer lugar, darnos cuenta de que estamos dormidos. Te diré, hermano mío, que si logras darte cuenta de cuán dormido estás, será el primer y último paso que podrás dar.

*Si te das cuenta de cuán dormido y perdido estás en tu sueño de vida, estarás mucho más avanzado en el camino que algunos autoproclamados santos o despiertos.*

# EL SENTIDO DE LA VIDA

Sentimos la necesidad de encontrarle un sentido a la vida y, desde nuestra confusión, intentamos relacionar un sentimiento con un concepto, lo cual no puede más que alejarnos de la verdad, dado que ningún concepto puede siquiera rozar la realidad. Cuando las personas experimentamos el total sinsentido, experiencia digna del olvido, estamos identificándonos con un pensamiento o emoción negativa que no puede más que llevarnos a un estado de confusión tal que las decisiones a tomar darían resultados extremos y poco benéficos.

En estados tan bajos de energía, nuestra percepción se ve totalmente desvirtuada, a tal punto que esta puede identificarse con ella misma, saliendo del conocido espiral a un círculo siniestro de emociones y pensamientos, uno más oscuro que el otro. Es tan solo un instante de distracción y nos embarcamos en un viaje aún más siniestro. Observa que en el momento exacto en el que te formulaste la pregunta ya le has atribuido una característica a lo que en este caso llamamos el sentido de la vida. Esa característica estará impregnada de lo que sea que ya estés experimentando. Realicé la pregunta sin darme cuenta de que ya tenía la respuesta, aunque errónea.

La vida no puede tener un sentido porque está mucho más allá de los sentidos. Tampoco se dirige a punto cardinal alguno, porque no tiene distancias. Ni avanza ni retrocede en el tiempo, porque está más allá de un principio y un final. ¿Qué pasaría si comenzara a abrazar la idea del sinsentido? Si acepto para mí que soy yo mismo quien le puede dar un sentido u otro, entonces dejaré de estar sometido a pensamientos y emociones negativas, por llamarlos de alguna manera. Entonces pienso en la vida como algo que no puedo, pude ni podré controlar. La vida sin juzgarla, tan solo la experiencia del momento presente.

La mente, astuta, intenta enfrascarnos en la búsqueda de un sentido a la vida, nos empuja a esta batalla desde la experiencia del sinsentido. La mente intenta convencernos de buscar cualquier sentido, pero en el futuro. Sabe, porque es antigua, que un simple roce con el presente eliminará la ilusoria incógnita.

*Hermano mío, sé que te has visto atrapado en esta experiencia tan desgarradora, pero también sé que has sabido desprenderte de ella infinidad de veces. Solo necesitas recordar, recordar que la vida eres tú. Debemos cuidar y no caer en la trampa; el deseo de encontrar el sentido de la vida no puede provenir de otro lugar que la experiencia de la carencia. Nadie que esté en recuerdo de sí, experimentando el momento presente, cae en este tipo de estado.*

# EL PINCHE TIRANO

Don Juan Matus nos habla de la existencia del Pinche Tirano en nuestras vidas. El Pinche Tirano no es más que un enemigo que aparece en nuestra experiencia de vida. Don Juan, lejos de ver esto como un obstáculo para nuestra evolución, nos lo muestra como una gran oportunidad de crecer y aprender. ¿Quién no ha tenido un encuentro con estos seres que ponen a prueba nuestra paciencia y, así, nuestra paz? Todos, en algún momento de nuestras vidas, nos veremos en presencia de esta oportunidad, o como dice Don Juan, «la oportunidad que no debemos desperdiciar». Yo agregaría «ni subestimar».

El Pinche Tirano parece ser aquel que tiene algún poder sobre nosotros, es probable que tenga algún rol jerárquico, ya sea en el trabajo, estudio o cualquier ámbito donde pueda hacernos la vida bastante difícil. Pero ¿cuál es la característica de estos Pinches Tiranos? Los reconocerás en la medida en que seas consciente de cuánto afecta tu percepción sobre la idea que tienes de tu importancia personal.

*La importancia personal es un brazo activo del ego. Es así que la presencia del Pinche Tirano se convierte en la gran oportunidad de entendernos y conocernos a nosotros mismos.*

Según Don Juan, un conocido chamán gracias a la obra de Carlos Castaneda y sus innumerables libros sobre esta cultura, no presenta al Pinche Tirano dándonos la capacidad de decidir sobre nuestra actitud ante esta oportunidad. Nos habla sobre la importancia de extirpar la experiencia de la importancia personal para liberarnos del ego y todo el sufrimiento que este nos causa. Si bien los métodos utilizados por Don Juan eran del todo extremos, creo que en alguna medida podremos ir adaptando algunas técnicas para lidiar con nuestros Pinches Tiranos y sacarles todo el jugo posible en nuestro beneficio. De esta forma, te propongo que identifiques a tu Pinche Tirano y desarrolles tu estrategia en función de eliminar tu importancia personal. Te digo, hermano mío, que estarás ahorrando mucho tiempo cuando comiences a vulnerar la falsa estructura del ego.

## *EL PODER DE SER SENCILLO*

*No podemos practicar la humildad, pero alcanzar la sencillez en nuestros actos es el camino a un estado elevado de consciencia. Es en la sencillez del correcto pensar y sentir que se irán abriendo las puertas al reencuentro con nosotros mismos. La divinidad siempre escucha tus peticiones y las comprende más allá de tus palabras.*

*Se le tiene miedo a lo desconocido, pero la divinidad, en cualquiera de sus formas, aquellas que tú elijas, es eterna compañía.*

*Es tu amigo más íntimo. Es el miedo al amor lo que nubla o parece interferir entre tú y la única verdad que te hará libre de tantos prejuicios. El amor es una llama transformadora que incinera toda falsa creencia, la falsa creencia de estar abandonados en un mundo carente de compasión. Hermano mío, nunca estás solo.*

# EL SILENCIO INTERIOR

En el camino del autoconocimiento buscamos el silencio interior. Este intento por encontrarnos en este silencio no puede ser alcanzado sin antes tomar consciencia del ruido en nuestra mente. Nuestro acercamiento al silencio interior es la percepción del ruido; esta se dará al percibir el cese de este.

Cerramos los ojos, llevamos la atención a nuestros oídos, el ruido estará allí, pensamientos e imágenes suelen acompañarlo. En este descubrimiento podemos decir que vamos camino al entendimiento del silencio, o, mejor dicho, al principio de una relación con la experiencia. Estamos tan acostumbrados a este ruido ensordecedor que tan solo su debilitamiento nos parecerá silencio; estaremos a las puertas de nuestro gran descubrimiento.

Lo que sucede en el advenimiento de esta silenciosa dimensión es una experiencia individual. Aquel que se ve inmerso en esta experiencia suele desaparecer a la vista del mundo, aun estando su cuerpo allí, se vuelve invisible. Hace algunos años caminaba por una montaña en India; mi guía usaba un taparrabo y una vara de dos metros de largo con punta afilada. Él iba siempre en silencio, por momentos parecía mimetizarse con la naturaleza, desaparecía a mis ojos. Caminamos largo rato hasta llegar a una corriente de agua que bajaba de la montaña, la flora era tupida. Al regresar le pregunté cuál era la razón de llevar esa vara; me dijo que un tigre andaba cerca y que la noche anterior se había comido a su vaca.

# LAS PREGUNTAS NECESARIAS

No es posible que nos estemos formulando preguntas innecesarias; si surgen, son parte del proceso. Aun así, es probable que estemos ahorrando mucho tiempo si comenzamos a pronunciar las preguntas más evasivas, aquellas que solo pueden hacerse desde una inteligencia superior. Contempla la siguiente frase, medita sobre ella: «Siempre no es eternidad y mucho menos presente».

¿Cómo formular las preguntas que nos lleven a evolucionar sin caer en los engaños del ego? Si te relacionas con la divinidad en cualquiera de las formas que hayas elegido, pídele que te entregue las preguntas que necesitas expresar. Es un paso muy importante en tu camino hacia la comprensión de ti mismo; no solo estarás estrechando la relación con el Ser, también estarás aceptando que puedes entregarte a un poder superior que anida en ti y en todo. Si pides que estas preguntas vengan a ti, el tiempo se verá reducido. Recuerda, hermano mío, que no eres capaz de formular todas las preguntas por ti mismo; no te daría el tiempo de mil vidas.

*El universo tiene más respuestas que preguntas se te puedan ocurrir. Pide las preguntas, las respuestas llegarán.*

Te digo, hermano mío, que tu capacidad de asombro no tiene límites. Eres, hermano mío, inocente. Un niño queriendo que todas las respuestas vengan a él, pero al mismo tiempo crees saber, por eso tus preguntas, algunas veces, poco tienen que ver con lo que realmente necesitas.

Alguien que escuchó uno de mis videos me preguntó de forma socarrona quizá, «¿Ah, te sientes en paz? ¿Es fácil decirlo, pásame la receta?» Si quieres hacer una torta, hay muchas recetas, miles, quizás tantas como seres humanos sobre la tierra. Para encontrar la paz que hay en ti, puede que haya muchas. Para llegar del punto A al punto B, necesitas ponerte en marcha, dar el primer paso del viaje.

Para empezar, no importa la dirección que elijas; si vas hacia el oeste, irás preguntando, te irán guiando, pero fundamentalmente necesitas confiar. Si no es un ser humano, deberás confiar en tu brújula, GPS, o en tus propias habilidades de orientación y navegación, pero necesitas confiar. La intención es muy importante, es fundamental, tienes que entender esto.

Tienes que entender que no es importante el Cómo sino el Para qué. El estímulo no proviene del Cómo, el estímulo viene del Para qué y es esto lo que te pone en marcha. Puede que no sepas el cómo, pero desde lo profundo de tu corazón sabes para qué. Cuando sepas que lo que quieres es encontrar la paz que hay en ti, es lo mismo, necesitas ponerte en marcha, tiene que ser tu prioridad. ¿Qué es lo que sucede en el camino? En el camino nos distraemos, olvidamos. La distracción es nuestro enemigo.

Imagina que te cuentan sobre una obra de teatro, una obra magnífica que puedes presenciar, pero en el camino pasas por la puerta de un centro comercial. Luces y artículos que prometen el deleite de los sentidos, todo colocado allí para distraerte. En un par de horas, te das cuenta de que nunca llegaste al teatro, la obra ha terminado. Esto es lo que sucede en nuestras vidas. Cuando llegamos al final, al último suspiro, nos damos cuenta de que hemos llegado tarde a la obra más magnífica, la representación más hermosa: nuestra propia vida. Una vida que estamos siempre posponiendo, dispuestos a hipotecar pensando en el pasado o el futuro, y así nos perdemos la oportunidad de experimentar la obra más importante.

Pero, hablando de recetas, se me ocurre quizás la receta más sencilla: la prioridad. ¿Cuál es tu prioridad? Empieza por identificar eso y tendrás un ingrediente fundamental; luego podrás ir agregando el resto. Cuando sentir paz y gratitud sea tu prioridad, te pondrás en marcha y nada te detendrá. Aun así, deberás estar atento a las distracciones.

¿Tienes miedo? Dices tener miedo, pero ¿dónde lo tienes? Tener algo es poseerlo, pero ¿cómo puedes tener lo que no puedes tocar? No tienes miedo, experimentas miedo. No es tuyo, no te pertenece. Sientes el viento en tu piel, tu pelo, tu cuerpo. Sientes el aroma, pero no puedes tenerlo. Puedes experimentarlo; el miedo no te pertenece, eso lo entiendes. El miedo lo experimentas, pero no es tuyo, no te pertenece. Si así fuera, tendrías control sobre él. No eres el miedo, eres tú experimentando. Lo mismo sucede con los pensamientos que te llevan a la experiencia del miedo. No son tuyos, no te pertenecen, no eres los pensamientos.

*Te digo, hermano mío, que este sencillo entendimiento trae una nueva dimensión, abriendo tu percepción a una forma de vivir, de experimentar y sentir la vida.*

# NECESIDAD BÁSICA

Consideramos nuestras necesidades básicas haciendo referencia al cuerpo. La importancia que le damos a este es una gran limitante en nuestro camino hacia un cambio trascendental en nuestra percepción y, al mismo tiempo, la puerta a la posibilidad. Tomar consciencia de cuánto tiempo invertimos en el cuerpo nos acercará a la necesidad que tenemos de encontrar nuestra primordial necesidad.

Es para nosotros casi imposible anteponer nuestra necesidad de sentirnos satisfechos a nivel espiritual y emocional cuando nos aquejan necesidades físicas. Esta lógica tiene su origen en la realización de nuestra experiencia de vida habitando un mundo material. ¿Cómo pedirte que comprendas tu necesidad de experimentar un mundo fuera del cuerpo y de los sentidos cuando sientes frío, hambre o dolor? Sin duda, no es el momento ideal. Aun así, todas las experiencias son nuestro aprendizaje. Buscamos entender el mundo inmersos en el mismo paradigma que impide trascenderlo. El cuento del pez que busca el agua viene al caso.

Estamos rodeados de circunstancias contradictorias; trabajamos muchas horas de nuestras vidas para sobrevivir. Todo el tiempo y el esfuerzo están siendo invertidos en las necesidades del cuerpo: comida, abrigo, techo, etcétera. Poco nos queda de energía para ver que esta actividad es solo una parte de nuestra función. Esto comienza a desvirtuarse con el tiempo, puesto que nuestras necesidades materiales parecen no tener límite, debido a la confusión que se gesta en nosotros. Esta confusión tiene su origen en la carencia que experimentamos a nivel emocional y espiritual. De esta forma, el incremento de nuestras aparentes necesidades se exacerba, haciéndonos creer que necesitamos más y más cosas: tecnología, perfumes y otras sofisticaciones.

Nos perdemos en superfluas invenciones que solo incrementarán nuestro sentimiento de carencia, dolor y soledad. Buscamos en los objetos aquello que proyectamos de forma consciente o inconsciente. Albergamos la esperanza de que alcanzar la meta, la adquisición del objeto, nos sacará de nuestra experiencia de desoladora vacuidad. No le podemos pedir a aquel que la vida lo fue llevando a esta situación que entienda la importancia de cambiar el paradigma del mundo. Solo la crisis podrá reordenar las prioridades; en el mejor de los casos, una experiencia mística de gran magnitud también puede revelar una verdad que habita en nosotros. Pero esto se ha vuelto escaso en estos tiempos.

¿Qué sentido tendría que te dijera aquí y ahora cuál es la real necesidad del ser humano? Ninguno, porque es algo que tienes que realizar por ti mismo; de lo contrario, quedaría solo en palabras. Observarnos es nuestra imperiosa necesidad. Querer cambiar las circunstancias sin el conocimiento de SÍ se terminará convirtiendo en un placebo temporal, es decir, puede que las circunstancias cambien, pero será momentáneo. Nada en este mundo puede perdurar en el tiempo; esta es una idea que nos llena de temor. Viviremos temiendo al mundo porque su dinámica es el cambio y la inseguridad que este propone no parece tener fin.

El mundo está sujeto a nuestra percepción, la cual cambia momento a momento. No podemos atraparla. En nuestro estado actual de consciencia, reducimos la experiencia de vida a nuestras percepciones. ¿Entiendes que no podemos confiar en aquello que nos sume en la desesperación? Pero ponemos todas las fichas allí; quizás porque lo conocido parece darnos algo de seguridad, aunque lo conocido sea caminar por la cornisa del piso cien, un balcón al precipicio más profundo.

Entendamos, intentemos entender, qué es lo que realmente estamos buscando, qué es lo que realmente necesitamos para cambiar nuestra percepción y el miedo a vivir.

*Necesitamos contemplar en silencio, visitar nuestro mundo interior cuantas veces recordemos su existencia. Necesitamos recordar quiénes somos, a qué vinimos. En este recuerdo se encuentra la semilla del impulso absoluto a nuestros anhelos.*

# ¿EL GURÚ TODO LO SABE?

El gurú no sabe nada o muy poco, pero tiene conocimiento. Este conocimiento, expresado en palabras, tiene el poder de rozar la realidad y así cambiar tu percepción, transformando tu vida. Olvidamos una premisa que, por ser obvia, nos llena de dudas y preguntas. Te preguntas: ¿qué estamos haciendo? Sentimos que perdemos el tiempo, que no tomamos las decisiones correctas, que no estamos haciendo todo lo que deberíamos, o tan bien como deberíamos.

Así es que vamos con esta sensación de no colmar expectativas, ajenas y propias. Nos perdemos en estos pensamientos y la madeja crece y crece. Puedo decir que este sentimiento de caer en la oscuridad, en un constante sinsentido, parte de una serie de pensamientos negativos. Lo que olvidamos es tan simple como que estamos viviendo. Ya estamos haciendo, vivimos.

¿Cómo olvidamos esto y tenemos la sensación de pérdida de tiempo? Recuerda que estás viviendo y el sinsentido dejará de ser una mochila tan pesada. Entiende que no eres el peso que crees cargar en tu cuerpo, en tu alma. Recuerda que esta experiencia eres tú viviendo.

Ahora, te preguntarás cómo es que podemos olvidar algo que parece tan obvio. Te preguntas cómo el disfrute se disuelve en temores y angustias. Es la distracción de la mente la que nos sumerge en tanta ignorancia. La mente no aprecia la vida y sume a nuestra percepción a los objetos que nos rodean.

Creemos que la vida depende de cosas a las cuales les otorgamos gran importancia, cosas efímeras. La naturaleza de las cosas es que son efímeras; la vida, sin embargo, es todo, sin principio ni fin, sin nacimiento ni muerte.

Identificarse con los pensamientos es sumir nuestra realidad en la falsa idea de que somos algo, un nombre, una profesión, un cuerpo. Cuando logramos experimentar lo atemporal, comprendemos lo irrelevante del mundo material y nos adentramos en estados más allá de la errónea percepción. Solo cuando nos adentramos en nosotros es que podemos tener un atisbo de lo no dual. Esta es una invitación al recuerdo de ti mismo, más allá de todo concepto y deseo.

Pablo, atrapado en una maraña de pensamientos que lo consumían día y noche, había estado sintiendo el peso de una carga invisible. A pesar de todos sus intentos por aclarar su mente, nada parecía funcionar. Decidió buscar a Sebaji. Tal vez él tendría una respuesta, una forma de escapar de ese sufrimiento que no le daba tregua. Cuando se encontraron, Pablo se dejó caer en la silla, agotado y con la mente nublada.

Sebaji: Entonces, Pablo, ¿qué te trae aquí?

Pablo: No lo sé, estoy aquí porque ya no sé qué hacer, no entiendo qué me está pasando.

Sebaji: Lo que sientes que te pasa, pero no sabes qué es, ¿desde cuándo te sucede?

Pablo: Creo que siempre me pasó, pero a veces es más fuerte, ahora es muy fuerte, no me siento bien.

Sebaji: Cuéntame, si puedes, ¿cuál es la sensación?

Pablo: Me siento ahogado, no puedo respirar, es algo en la garganta que me aprieta.

Sebaji: Entiendo la experiencia. Dime, ¿qué pudo pasar? ¿Cuál puede ser el desenlace de esto que estás experimentando?

Pablo: Un sufrimiento que parece nunca va a terminar.

Sebaji: Piensas que no va a terminar, pero todo lo que tiene un comienzo tiene un fin, termina en algún momento.

Pablo: Sí, pienso que si muero, se termina.

Sebaji: ¿Piensas que la muerte te daría la libertad que buscas?

Pablo: Sí, no veo otra solución.

Sebaji: Dime, ¿qué emoción trae el pensar en morir?

Pablo: Me trae más angustia.

Sebaji: ¿Ves entonces que lo que entiendes como una solución está trayendo más dolor y angustia a tu vida?

Pablo: Sí, es como si se retroalimentara el dolor.

Sebaji: Precisamente eso es lo que está sucediendo. Es una gran confusión, pensamos en la posible liberación de manos de un acontecimiento que al mismo tiempo nos trae mucho dolor y angustia.

Pablo: ¿Estoy loco?

Sebaji: Bueno, podría ser. ¿Acaso no es una locura creer que podemos mojar el agua? Quiero decir, la aparente solución al dolor que sientes es provocando más dolor. Esto es una lógica que solo puede venir del ego. Son pensamientos aterradores.

Pablo: ¿Qué hago?

Sebaji: Primero entender que la solución no puede venir del mismo lugar donde se produce el error. Eso que lo provoca no traerá luz a tu entendimiento. Intenta observar el proceso. Intentar encontrar una solución desde la desesperación solo te llevará a más confusión.

Pablo: ¿Entonces?

Sebaji: Mira, imagina que estás en Roma, en el Coliseo. Estás en la arena, no tienes armas, el tigre ronda, no tienes escapatoria. Él es más rápido, tiene garras y dientes como armas y también hambre. ¿Qué harías?

Pablo: Correr.

Sebaji: No puedes, todas las salidas están cerradas, el Coliseo fue pensado para eso, no puedes escapar. El tigre ya te vio, se acerca con la intención que ya sabes, te quiere devorar. ¿Qué harás? ¿Qué quieres hacer? ¿Puedes ver que hay una diferencia entre lo que quieres y puedes?

Pablo: Sí, quisiera poder volar.

Sebaji: No eres pájaro, no puedes irte volando. Lo mismo sucede con la muerte, no puede darte alas. No te va a liberar de la experiencia actual.

Pablo: Entonces enfrento al tigre y que sea lo que Dios quiera.

Sebaji: Observa esto, ¿cuál es la diferencia entre el tigre y tú?

Pablo: Ah, creo que entiendo, el tigre sabe lo que quiere y lo que puede hacer. Está decidido, tiene hambre, fuerza y dientes. Y yo no tengo nada de eso.

Sebaji: ¿Cómo crees que terminará ese encuentro con el tigre?

Pablo: Yo pierdo.

Sebaji: Grandes posibilidades tienes.

Pablo: No entiendo cómo, pero me estoy sintiendo mejor, algo se aflojó en mi pecho. Pero ¿cómo es posible?

Sebaji: Bueno, para empezar, estás comprendiendo que en definitiva el tigre no existe, es solo un relato que fuimos armando juntos. También tú hiciste un relato que fuiste creyendo y aceptando con el tiempo, quizás a lo largo de tu vida.

»Ahora bien, ya que te sientes mejor, volvamos a la arena. El tigre y tú son la misma cosa, el uno no existe sin el otro. ¿Puedes ver esto? El tigre solo puede estar ahí si tú lo ves, lo sientes y lo experimentas. Lo mismo sucede con tu dolor y angustia, el tigre que te acecha solo puede estar ahí porque tú le otorgas realidad. No puedes escapar de ese tigre porque no puedes escapar de ti mismo. En el relato tú pusiste el Coliseo, la arena, el tigre con sus garras y a ti mismo, tú cerraste todas las salidas. Solo tienes que mirar a ese tigre a los ojos. La muerte nunca es una salida, esto es una fantasía que solo perpetuará tu sufrimiento.

Pablo: Entonces soy yo mismo el que atrae el sufrimiento.

Sebaji: Es la idea que tienes de ti mismo la que trae sufrimiento a tu experiencia.

Pablo: Entonces, ¿mi sufrimiento no es real?

Sebaji: Tan real como quieras que sea.

Pablo: Gracias.

# OBJETOS DE PODER

Los objetos de poder son aquellos a los que se les otorgan diversos atributos. Pueden ser tanto cosas como personas o personalidades. Depositamos en ellos características que parecen darnos seguridad y confianza. El ser humano necesita representar en el exterior aquello que busca y necesita. El objeto pasa a ser, en alguna medida, parte de nosotros mismos, representando aspectos de nosotros, quizá aquellos que más nos cuesta reconocer.

Lo mismo sucede con los pensamientos; de esta forma podemos decir que también nuestros pensamientos son objetos de poder. Así es como sentimos que son dignos de respeto y amor. Crean la ilusión de que podemos amarlos. Los pensamientos son símbolos de imágenes, sonidos, emociones, tanto así que, si dejamos de verlos o tocarlos, creemos que los hemos perdido y, al mismo tiempo, podemos caer en la ilusión de perdernos a nosotros mismos.

Detrás de cada objeto se encuentra una verdad conmovedora. Cuando vemos a una persona, amiga o enemiga, nuestro propio reflejo, es importante comprender que lo que representan es solamente un símbolo; ver más allá de la forma es lo que nos liberará del juzgamiento. En este plano de existencia, siempre surge la necesidad de representar de forma física aquello que consideramos sagrado. La importancia de ser conscientes de este acto nos llevará a un nivel de comprensión de nosotros mismos, que, en última instancia, es lo que buscamos en ellos. Ni bueno ni malo, es natural en nuestra conducta y, lejos de condenarla, solo te invito a observarla.

Tendemos a pensar que estos objetos son de carácter religioso o trascendente, pero bien pueden ser cosas mucho más simples: tu auto, tu casa, incluso tu ser amado, tu pareja; aquello que parece representarnos, conocernos en profundidad. Contempla lo siguiente: el otro es también un símbolo. De esta forma, aquel que parece ser tu enemigo no es más que una representación; incluso una adicción reconocida puede ser tu enemigo intangible. Las palabras son símbolos, una forma de manifestación, y también pueden experimentarse como objetos de poder. Esto sucede con los mantras o declaraciones. El poder del objeto solo tiene la importancia que nosotros le damos; es una forma de relacionarnos.

La naturaleza muchas veces es considerada un objeto de poder; depositamos en ella aquellos atributos que parecen trascenderlo todo. Incluso podemos confundir a la naturaleza viva, algo que puede existir sin nosotros, algo superior, cuando experimentarla no podría ser posible sin nuestra presencia. Ver a la naturaleza como una deidad es un error que nos llevará a una de las confusiones más irreales de nuestra existencia. Así es como podemos llegar a verla como algo bueno o malo, dependiendo de nuestra percepción en ese momento particular, cuando no es ni lo uno ni lo otro.

Si esto fuera así, nos relacionaríamos con lo divino como algo ambiguo, y no podríamos más que vernos a nosotros mismos de forma dual; creeríamos que nosotros somos la mente, los pensamientos y la misma confusión, la dualidad. Aquí surge la idea de la no existencia de la realidad, de la verdad. Cuando en nuestra mente se integra la idea de lo relativo es cuando la duda toma las riendas de todas las percepciones. No hay forma de liberarse de este mecanismo, puesto que es la naturaleza de la mente. ¿Cómo liberarnos de esto, te preguntarás? Contempla hasta que esta comprensión disuelva la incomodidad.

# EL PODER DE VOLAR

Había una vez un maestro iluminado que tenía el poder de volar. Tenía su templo en lo profundo de la naturaleza, alejado de la civilización. Contaba con algunos discípulos maravillados con el espectáculo. Este maestro impartía su enseñanza y, al finalizar, se suspendía en el aire y algunas veces paseaba sobre sus alumnos, ante la mirada absorta de los mismos que, saliendo del estupor, entraban en una alabanza que se manifestaba en danza. Elevaban sus brazos intentando tocar al menos su túnica, quizá intentando impregnarse del milagro.

Así pasaron años, donde la rutina se mantenía en el tiempo siendo siempre motivo de asombro. El grupo fue creciendo y se construyó un templo aún más grande donde la congregación estaba más a gusto, incluso el techo se hizo más alto, quizá para saber qué tan alto podía llegar.

Un día como tantos, comenzaba el ritual: cantos, música, enseñanza y el tradicional vuelo de cierre. El templo ahora contaba con grandes ventanas por las cuales algunos participantes que no habían podido ingresar observaban extasiados. El maestro comenzó su levitación. Apenas había despegado los pies del suelo cuando algo a través de la ventana llamó su atención. Aterrizó suavemente y observó por la ventana.

Había llegado temprano, caminando aún en la penumbra, trayendo el sol a sus espaldas, le contaron en ese momento. Se había sentado a la sombra del árbol mayor a algunos metros del templo, ajeno a todo el show. Tenía un bastón largo, quizá más alto que él; a lo lejos, parecía ser un cetro, sentado en posición de loto, tradicional en ese lugar.

—Maestro, ¿qué sucede? —preguntaron sus discípulos que, siguiendo la línea de su mirada, pusieron su atención en aquel hombre que había llegado en silencio aquella mañana.

El maestro dijo:

—Ese hombre que ha llegado es un santo.

—Pero, maestro —dijo su alumno más avezado—, aun así poco aerodinámico, es decir, aún no había podido volar. Tú eres un santo, tú puedes volar, como aves, como un dios.

—Maestro —dijo otro discípulo—, si él es un santo, ¿por qué no vuela?

—Porque él ha encontrado el silencio que le permite estar allí, sentado, en la manifestación más exquisita: el momento presente. Cualquiera puede volar y distraerse con otros fenómenos. Pero, amados míos, sabe Dios que siempre es buscado lo que él representa. Él está sentado allí.

El maestro salió a su encuentro y se sentó a sus pies. Al cabo de unas horas, los discípulos fueron testigos de lo impensado. Ambos se levantaron, el anciano tomó su largo bastón y marchó hacia el poniente. Detrás se iba su maestro, siguiendo la huella de aquel extraño, esta vez con los pies bien plantados. No miró atrás.

# NUESTRA NECESIDAD DE SENTIR GRATITUD

Cuando sentimos que la vida pasa a nuestro lado sin más, es momento de priorizar prioridades. ¿Qué es la falta de gratitud sino la gran confusión que toma nuestra experiencia y la transforma en el sinsentido que convierte nuestro día a día en terreno yermo? La importancia de priorizar nuestras prioridades pondrá nuestra atención en aquellas cosas y actos de amor, solidaridad y gratitud que tanto necesitamos y no nos damos cuenta. Nuestra mente, siempre proyectada al pasado o futuro, nos distrae de lo más importante, quitándole valor a la sencillez que abraza y penetra en nuestro ser de la mano de la gratitud.

Lo que trajo, trae y traerá felicidad a nuestras vidas no será el mero cumplimiento de nuestros deseos, sino el milagro de nuestras verdaderas necesidades satisfechas. Es fácil saber lo que uno quiere y desea, pero entender cuáles son aquellas necesidades que, satisfechas, colmarán todas nuestras expectativas, necesita una gran introspección y conocimiento de uno mismo.

*Te digo, hermano mío, que estarás sembrando en tierra fértil con cada visita a tu interior.*

# EL OTRO DÍA

Quería escribir sobre algo que me sucedió el otro día, pero me llamó poderosamente la atención la frase «El otro día». Me di cuenta de que «El otro día» es una frase para referirnos al pasado. Es decir, lo que sea que haya sucedido fue en un tiempo pasado, puede ser poco o mucho, pero siempre estamos haciendo referencia al pasado. En cambio, cuando decimos «otro día», siempre será en el futuro… será otro día… pero en el futuro, nunca tendremos otro día si entendemos la naturaleza del momento presente.

Me puse a meditar sobre esto y el poder de su significado. «El otro día» es como un árbol que tiene sus raíces en el pasado; su tronco, ramas, hojas o flores también pertenecen al pasado, aunque podemos imaginarlo transitando por las cuatro estaciones, es decir, cambiando su forma. Si viéramos a este árbol crecer y florecer, luego, llegado el otoño, caducar, él siempre estaría habitando nuestra imaginación, intangible, engarzado a nuestros sentidos y emociones, por lo tanto, irreal, inexistente, inerte como cualquier otra imagen, dependiente de nuestras pocas confiables percepciones.

Aun así, el recuerdo de «El otro día», el árbol, puede llevarnos por diferentes emociones, emociones que solo pueden experimentarse en el presente.

El problema con hablar sobre «El otro día» es que solo existe en nuestra memoria sujeta a la percepción que tengamos en ese momento sobre lo sucedido; esto es fácil de observar, en cambio, cuando pensamos en «otro día», creemos que existe en un futuro y es más difícil de ver el engaño.

El engaño es que «otro día» también es producto de nuestra imaginación, una evocación basada en nuestros recuerdos y lo que estemos experimentando en el presente. El pasado puede parecer real siempre y cuando confiemos en nuestros recuerdos, en nuestra percepción; el futuro también reúne esas mismas condiciones. El pasado irá cambiando con el tiempo y nuestras proyecciones a futuro también, porque siempre experimentamos a ambos en base a nuestra percepción del momento presente.

En este sentido, es lógico que pienses que el momento presente también cambia y este es el problema, dado que la gran diferencia radica en su naturaleza espontánea. Ni el pasado ni el futuro son espontáneos, son inertes, sin vida, no hay chispa; en cambio, lo único vivo es el presente. El presente no puede ser circunscripto, ni tan siquiera modificado, porque no es producto de nada, pero verás, es la percepción lo que aún termina mediando en cómo nos relacionamos con él. Es la percepción lo que ha puesto todo en una línea de tiempo: pasado, presente, futuro. Esta es nuestra hoja de ruta, al menos hasta aquí.

Recuerdo una vez cuando era niño en la escuela, una loca idea, pensé que era posible cambiar esta línea de tiempo y escribí Pasado, futuro, presente. ¿Qué pasaría si comenzáramos a experimentar este nuevo paradigma? El pasado, producto de nuestros recuerdos, sujeto a nuestra imaginación y percepción; el futuro, producto de nuestra imaginación con base en el pasado y condicionamiento, y el gran cambio, el presente como lo espontáneo, lo vivo, lo único real, pero, sobre todo, eterno, sí, eterno.

Piensa ¿dónde quedaría el pasado y el futuro si experimentamos la eternidad en el momento presente como lo único realmente importante? ¿Dónde quedarían nuestras angustias y culpas del pasado? ¿Dónde quedarían nuestras ansiedades sobre el devenir de los acontecimientos, sobre el futuro imaginario y cambiante? En la experiencia del eterno presente, sin la carga del pasado, sin el caos de miles de futuros posibles, ¿cómo viviríamos el presente?

La palabra eternidad puede resultar incómoda desde la línea de tiempo: pasado, presente y futuro, porque lo único que hace es perpetuar y, por lo tanto, espantar la idea de lo original, de lo espontáneo que es la vida. En cambio, la realización de un nuevo paradigma nos fuerza a cambiar nuestra percepción: pasado, futuro, presente. Un presente sin pasado ni futuro puede darnos miedo; no experimentarlo, pero sí imaginarlo, no se puede imaginar, nos agobia la idea de no estar identificados con todo aquello que creemos conocer y, por lo tanto, ser.

Desidentificarnos es lo que buscamos en el camino al conocimiento de uno mismo y, al mismo tiempo, nos aterra la idea de desconocer la creencia, con la idea de ser nosotros mismos sin los recuerdos, sin el condicionamiento que tanto nos limita o parece limitarnos. Creemos ser nuestros recuerdos, creemos ser nuestras proyecciones y rechazamos instante tras instante la experiencia del momento presente; tememos dejar atrás nuestras creencias, por lo tanto, nuestros miedos, culpas, angustias y venganzas, lo conocido.

Tememos abandonar lo que consideramos nuestro, nuestros deseos, nuestra identidad, aquello que creemos conocer y controlar, aunque día a día se nos muestre lo fútil que son nuestros esfuerzos por ser felices basados en la estructura del ego, impulsados por la carencia que enmarca su condición.

Nuestra salud mental está en juego, lo digo con conocimiento de causa. Atiendo a muchas personas todos los días y detrás de toda patología física hay una gran carencia emocional y espiritual. ¿Cuál es el camino? ¿Dónde ir? La humanidad tiene una gran oportunidad; hemos estado caminando hacia el abismo, llegamos al borde, estamos en la cornisa del mundo. ¿Qué haremos? ¿Cuáles son las opciones?

Piensa. Si hemos llegado al final del camino, saltar no es una opción. Saltar sería caer en un sueño profundo; tirarnos al abismo es lo que venimos haciendo vida tras vida y siempre con el mismo resultado. Pero tenemos la oportunidad de emprender el viaje de la madurez, la comprensión y la sabiduría.

El sabio, al llegar al final del camino, sabe que la única opción es volver, desandar, para encontrar lo primordial, para encontrarse a sí mismo. Lejos ya de todas las distracciones, atento a cada paso.

# UN BREVE VIAJE AL FUTURO

Desperté y supe que alguien tocaba a la puerta. Tardé unos instantes en darme cuenta de que la habitación me era desconocida. Intenté incorporarme; el cuerpo me dolía en lugares cuya existencia desconocía. Sentado al borde de la cama, observé mis manos. No era mi cuerpo; mi piel estaba envejecida. ¿Cuántos años tenía?

El timbre en la puerta volvió a sonar. Vi unas zapatillas viejas, marrones, de un viejo jubilado. No quise meter los pies allí; no podía reconocerlas como mías. Me levanté y, descalzo, caminé fuera de la habitación. Mi vista no era buena, aun así podía distinguir los objetos claramente.

Abrí la puerta y pude reconocer ese rostro también envejecido. Hice un cálculo rápido; habían pasado veinte años desde la última vez que fui a la cama. Era mi hijo, tendría unos 45 años. No era parecido a mí con esa edad, pero sin dudas era lo suficientemente parecido como para reconocerlo.

Nos miramos, él parecía saber lo que sucedía, y yo tenía mis sospechas. Dejé la puerta abierta y giré hacia el living, donde había una mesa, un sofá y algunos otros muebles y adornos que me eran totalmente ajenos. Nunca hubiera elegido esa decoración.

Me pregunté cuántas vueltas habría dado la vida para que mis gustos cambiaran tanto, qué circunstancias habrían hecho llegar esas cosas allí. Me senté, rendido. Mi hijo tomó una silla y se sentó frente a mí, esperando algo.

Yo también esperaba algo: respuestas, alguna claridad. Las emociones iban y venían. No me animé a preguntar; tuve miedo de que esto fuera recurrente. Es decir, lo más lógico era suponer que había perdido la memoria, y quizá esta era una de otra infinidad de veces. Pensé que estarían cansados de estos episodios. ¿Volvería a recordar? ¿Era cuestión de tiempo?

Puedo decir que solo quería salir de allí, volver a mi hogar, mi casa, mi lugar. Sentía que en alguna parte existía un sitio que era mío, donde me sentiría bien otra vez.

Me preguntó si había tomado la medicación. No supe qué contestar. Su voz me resultó familiar; no era la misma, pero familiar.

«No recuerdo nada», le dije. Siento que han pasado 20 años, al menos. Tengo tantas preguntas, pero ninguna tiene la suficiente fuerza como para ser expresada. Me dijo «papá», y los ojos se me llenaron de lágrimas. ¿Cómo habría sido nuestra vida, nuestra relación? Yo como padre, él como hijo. ¿Tendría nietos? No me atrevía a preguntar. «¿Qué vamos a hacer?», le dije. «No quiero molestar».

Su expresión no traía tranquilidad. Volví a pensar en ese lugar, mi hogar en alguna parte.

Por un momento me sentí de buen humor, motivado. Le pregunté por un amigo que él conocía bien. Me dijo que había fallecido; no me sorprendió, quizá la respuesta era lógica, esperable.

Tampoco me puso triste. No era importante; todos morimos algún día. Sin embargo, quería saber qué había sido de su vida, cómo había vivido. Quería saber si habíamos sido amigos hasta sus últimos días.

Tomé coraje y lo miré a los ojos, me perdí en él con tal profundidad que pude verme desde allí, viejo por fuera, cansado por dentro. Cerré los ojos y recordé que solía meditar en mi juventud. Este recuerdo me sumió en un profundo sueño.

Al despertar, me encontraba otra vez en mi cama. Esta vez, nada me resultó ajeno. Me levanté angustiado, recordando ese sueño, ese breve viaje al futuro.

Creo importante tener en cuenta lo siguiente: siempre que sentimos la necesidad de ayudar a alguien, es nuestra propia necesidad de ser ayudados.

A lo largo de nuestras vidas, nos hemos visto en situaciones en las cuales nuestra participación resulta en un acto de amor. Esta es una posibilidad de tomar contacto con un poder inherente a nuestra naturaleza: el poder de amar y sentir amor.

Cuando vemos al otro en una situación de vulnerabilidad y la empatía se hermana a nuestra experiencia, surge la oportunidad de expresarnos desde nuestro centro; nuestro aspecto más honesto se hace presente y se brinda a la vida.

Si logramos darnos cuenta de que ayudar al otro es, en definitiva, un acto propio de nuestra naturaleza humana, nos veremos expresando nuestro máximo poder: el poder de dar, que es a su vez la manifestación del amor en este plano.

Entonces, ¿qué es dar? Dar no es más que recibir. Sabemos, de forma consciente o inconsciente, que dar es recibir, es un dictamen divino, el arquetipo de un acto que nos resulta natural, espontáneo.

¿Por qué podríamos ver esto como un acto egoísta? Es decir, a sabiendas de que dar es recibir, un juzgamiento parece florecer en nuestra mente. Este pensamiento no es más que ruido. Si doy esperando recibir, ¿no será un acto egoísta?

Entonces, la lógica oscura, la lógica del ego, es donde puede nublarse nuestra claridad, el prejuicio que paraliza y condena. Cuando un acto de amor no colma nuestro corazón es porque no fue tal. Cuando un acto de amor satisface nuestro ser, nos sentiremos plenos. Esta es la gran diferencia.

*Ser consciente de cada acto de amor nos llevará a un entendimiento cabal de nosotros mismos, más nunca al entendimiento del otro. No podemos entender a otro por definición, pues es otro. Aun así, nuestra necesidad básica, primigenia y ancestral es la misma: la necesidad de amar y ser amados, que siempre son una.*

Tengamos en cuenta lo siguiente, y sé que esto puede rechinar en nuestros oídos.

No existe gente mala, pero sí gente que puede actuar con maldad. Eso lo hemos vivido todos alguna vez en nuestra experiencia de vida.

Ahora bien, no existe acto de maldad consciente, pues nadie que es consciente de lo que hace puede traer dolor a su vida o a la vida de su prójimo.

Puede que nos engañen con actos de maldad, al punto que nos sintamos obligados a verlos de esta forma, quizá para protegernos, pero es un engaño.

Siéntete libre de dar y recibir amor, no acotes tu experiencia desde el prejuicio, la oportunidad se te dará día a día, la verás manifestarse ante tus ojos en cada encuentro, el otro no es más que un espejo.

# EL VIAJE DE SANTIAGO

Esta es la historia de un hombre como tantos otros, en busca de una respuesta. Santiago pasaba por un momento difícil en su vida, una etapa dolorosa y de profundo pesar. Hacía muy poco su matrimonio de varios años había terminado y la depresión se había hecho dueña de todo su sentir. No encontraba consuelo en nada ni nadie y un gran vacío lo acompañaba a cada instante. No lograba entender ni olvidar.

Santiago tenía un amigo que había pasado por una experiencia similar, el cual vino en su ayuda. Le contó sobre un sacerdote que vivía en el interior, en un pequeño pueblo en lo profundo del país a varias horas de viaje. Le dijo que este señor tenía una forma muy particular de transmitir su conocimiento y que había sido de gran ayuda. Así fue como Santiago emprendió el viaje a su encuentro. Aprontó un pequeño bolso con algunas pertenencias y subió al bus que lo llevaría en un viaje de casi 12 horas.

Al llegar al pueblo, preguntó por el sacerdote y muy amablemente le indicaron que se encontraba en la parroquia a pocas cuadras de la estación. Santiago estaba triste y al mismo tiempo emocionado y esperanzado de que su carga fuera más liviana luego del encuentro. Estaba cansado por el viaje; no había podido pegar un ojo en todo el trayecto. Llamó a la puerta de la pequeña parroquia y al instante se abrió. Un pequeño hombre lo recibió con una gran sonrisa en los labios y lo invitó a pasar.

Santiago no podía esperar para expresar su pesar; no podía esperar a desahogarse en cuanto tuviera la oportunidad. El sacerdote lo miró con compasión y lo invitó a sentarse. Cuando Santiago quiso comenzar a hablar, el sacerdote le pidió que tuviera paciencia, pues sabía de su historia ya que su amigo le había adelantado algo de lo sucedido a Santiago. Así que lo interrumpió y le ofreció tomar una tisana que recién había preparado a la espera de su llegada. Santiago aceptó, se desplomó en la silla y bebió la tisana con avidez, una mezcla de sed y ansiedad; estaba realmente desesperado porque su angustia cesara.

Habiendo terminado, hizo su segundo intento por contar su historia, por mostrar su herida, pero el sacerdote lo volvió a interrumpir y le ofreció un camastro que tenía allí mismo preparado para él, sabía que llegaría cansado luego de tantas horas de viaje. Santiago, le dijo, creo que es mejor que descanses primero; luego ya tendremos tiempo de hablar. Santiago sintió una mezcla de emociones, pero no pudo negarse al pedido del hombre que lo atendía con tanto respeto y dedicación; se sintió querido y cuidado por este desconocido. Fue así como se sumergió en un profundo sueño mientras escuchaba al sacerdote hacer tareas en la cocina.

Durmió profundamente, agotado. Al despertar, ya era el amanecer del día siguiente; había dormido más de 14 horas sin interrupciones. El sacerdote se esmeró en despertarlo zamarreándolo del brazo.

—Buen día —le dijo—, dormiste muchas horas; debes apresurarte ya que el ómnibus parte en 10 minutos y no hay otro hasta la semana entrante.

Santiago no tuvo tiempo de pensar, tomó su bolso y juntos salieron apresuradamente hasta la estación del pueblo. Subió al bus y se acomodó en el mismo asiento que lo había traído, abrió la ventanilla y vio al sacerdote junto allí, parado en la vereda. Se iban a despedir y Santiago le dijo que no había podido contarle lo que sentía. El sacerdote lo miró a los ojos y le dijo:

—Amigo mío, todo pasa; esto es tan solo una etapa en tu vida.

Santiago, sin saber por qué, recibió estas palabras como un bálsamo; sintió que podía confiar en aquel hombre. Al cabo de algunos años, Santiago se encontraba en su mejor momento, había vuelto a organizar su vida. Tenía un buen trabajo, una nueva pareja a la cual amaba y una niña de tres años que era su adoración. Todo el dolor anterior había quedado en el pasado, olvidado ya.

Así fue que un día cualquiera, Santiago sintió la necesidad de expresar su gratitud a aquel hombre que, sin saberlo, tanto lo había ayudado a sobrellevar aquel periplo. Emprendió el mismo viaje de regreso a aquel pueblo del interior. Al llegar, fue recibido en las mismas condiciones. Tomó la tisana, durmió varias horas hasta que el sacerdote lo despertó con esfuerzo y le informó que el bus partía en breve.

Santiago creyó que estaba soñando; todo ocurría de la misma forma que años atrás, aún sin poder agradecerle a aquel hombre. Ya en el bus, abrió la ventana para encontrarse con la cara del sacerdote que era la expresión más clara del déjà vu. Se apresuró a querer expresarle su gratitud y fue interrumpido antes de gesticular palabra alguna. El sacerdote le dijo: «Santiago, esto también pasará».

# LA BÚSQUEDA DE LA SEGURIDAD

Buscamos seguridad y continuidad en un mundo que solo nos muestra la posibilidad del cambio. ¿Cómo encontrar la verdad en un mundo cuya naturaleza es el cambio?

*Encontrar lo real solo es posible en aquello que trasciende el tiempo y el espacio.*

Solo aquellos que han pasado por la noche oscura del alma son capaces de comprender lo que es vivir sin un ápice de gratitud. Habiendo estado perdidos en las sombras del abandono y descubierto la luz, pueden abrir su corazón y ser honestos en su sentir. Si podemos experimentar el poder del mensaje, veremos que no es importante el mensajero. Aun así, el mensaje se potencia cuando proviene de la experiencia de quien lo comparte. Solo aquellos que saben lo que es vivir sin vida, como si esto fuera posible, están dispuestos a mostrarse sin miedo a ser vistos y su presencia suele ser de gran inspiración.

Por eso te digo, hermano mío, que el milagro de tu presencia en este mundo no puede ser menos que trascendente, y que cada encuentro es testimonio de la necesidad de tu existencia. Eres necesario, imprescindible, porque no hay cosa alguna que pueda suplantarte, nada puede mostrar ese aspecto de la creación que eres tú, en tu forma y en tu no forma. En esos momentos en los que te has sentido desesperado y sin salida, en esos momentos en los que el miedo parece haberse apoderado de la realidad y la confusión tomó el control de tu experiencia, se te presentó la oportunidad de conocer qué tan profunda puede ser la confusión.

*Despertar, quizá, sea perdonar toda ilusoria ofensa de la que nos podemos sentir víctimas o victimarios.*

Despertar, quizá sea, el tabula rasa de todo dolor y sufrimiento infligido o auto infligido. Te digo, hermano mío, que los pensamientos pueden condicionar nuestro sentir, pero tú no eres esos pensamientos, esos pensamientos solo tienen poder sobre la ilusión, pero jamás sobre la realidad, porque lo real está más allá de tu percepción.

Esta vida no se trata de ser felices, de la constante búsqueda de la felicidad. Cometemos el mismo error una y otra vez hasta que aprendemos; se trata de vivir y experimentar lo que nos toca hasta aprender.

## LA TENTACIÓN

*¿Cuáles son nuestras mayores tentaciones? Consideramos que caer en tentación es ir en búsqueda de nuestros placeres, pero la tentación más grande en la que caemos con frecuencia es el miedo y el victimismo. ¿O será que de alguna forma oscura y mórbida encontramos cierto placer en esto también? Es una pregunta que solo encontrará respuesta siendo honestos con nosotros mismos, indagando en nuestro interior.*

# PENSAMIENTOS Y EMOCIONES

Intentamos detener los pensamientos, ya sea con la meditación o distrayéndonos de mil maneras. Siéntate frente al mar, intenta detener las olas, o no sentir el viento en tu piel cuando éste sopla; sería otro intento fútil por controlar lo que está fuera de nuestro alcance.

El Ser no puede ser impregnado por la mente, pero la mente puede ser impregnada por el Ser. Los pensamientos, al igual que las olas, tienen sonido y ritmo. Así, las olas vienen de lo profundo y tocan la orilla; los pensamientos llegan a orillas de nuestra percepción y amarran en forma de emociones.

Observa que nos sentimos mal al recordar nuestros errores del pasado, sombras y remordimientos que, literalmente, nos atormentan. La fuerza de estos pensamientos es capaz de modificar el ritmo cardíaco, la función de nuestros órganos y la composición de nuestra sangre; esto es científico, tan poderosa es la fuerza de un simple pensamiento.

Vemos que estos pensamientos que tenemos sobre nuestros recuerdos no son la única forma que tiene el ego para mortificarnos. La prueba de esto es que también nos sentimos mal al pensar sobre lo que podría haber pasado y no pasó. Basta con pensar en lo que podría haber ocurrido para que todo este sistema tenebroso se despliegue.

El miedo, la culpa y todos los demonios se arrojan sobre ti. Y con respecto al futuro, vemos que funciona de la misma manera. Hay algo, un hilo conductor, o mejor dicho, un desenlace común a este tipo de pensamientos, y es su función. Su función es quitarnos nuestra energía vital, perpetuarse en la falsa creencia de su existencia, es que sean percibidos como reales. ¿Cómo podrían no serlo si son capaces de tocarnos, o al menos eso parece?

No he encontrado una forma de escapar a este mecanismo, pero ayuda respirar hondo y contemplarlos, como si fueran una nube. Parecen gigantes a la distancia, densos, pesados; tienen cuerpo, incluso personalidad, pero al acercarnos comprobaremos que apenas son niebla, un reflejo de nuestro estado perturbado.

Ahora bien, ¿qué buscamos? Si buscamos sentirnos en paz y gratitud, les puedo asegurar que no lo encontraremos en los pensamientos y tampoco en la comprensión de su naturaleza. Buscamos alejarnos del ruido y fundirnos en el silencio, buscamos que la voz estridente del ego termine de una vez para poder trascender a otros estados. ¿Dónde encontramos este anhelado silencio? El disfrute y la existencia del estado de silencio la descubrimos al principio en esos breves espacios de tiempo entre un pensamiento y otro. Aunque parece que no paran de llegar, existe un breve lapso en el cual acontece la experiencia que nos lleva a un descanso. La práctica de ir encontrando estos espacios, estos silencios, nos irá llevando a una comprensión mayor sobre lo hablado.

# ADVERSIDAD

¿Cuál es la primera dificultad que encontramos cuando la necesidad de cambiar nuestra percepción se nos hace imperiosa hasta para respirar? Todos hemos tenido momentos en los cuales cambiar nuestra realidad se hace urgente, el sufrimiento y dolor que podemos llegar a experimentar parecen interminables. Tenemos la tendencia a querer cambiar el presente a través de la razón y los pensamientos. Imaginemos o recordemos alguna circunstancia de vida que realmente nos puso o nos está poniendo al límite, es decir, esos momentos en los que creemos que no podremos resistir mucho más, momentos en los que estamos esperando y deseando que algo se rompa en el interior de nuestra mente para salir de tal o cual situación.

Ya hemos dicho que intentar cambiar nuestra percepción con la misma herramienta que nos ha hecho caer en desgracia es como querer apagar el fuego con alcohol. Recuerdo hace ya algunos años que experimentaba un gran vacío, me sentía aterrorizado y abandonado. Algo había sucedido en mi vida que me ponía contra la espada y la pared, el hecho era irreversible, no podía cambiar el pasado, y el futuro, como siempre, impredecible. Acorralado por los pensamientos negativos sobre lo que sucedería, intenté cambiar la película que se proyectaba en mi mente.

Con gran esfuerzo, pasaba de la alegría a un disgusto infinitamente profundo. Veía que por momentos inventaba una película alegre y me sentía bien; por momentos la película se volvía tenebrosa y me sentía realmente muy mal. Entonces, ¿cuál de las dos versiones era real? Hice la pregunta. La respuesta, como un rayo, atravesó todo mi ser. Ninguna de las dos. Las dos eran falsas.

¿Qué nos queda cuando entendemos que ninguna fabricación de nuestra mente es real? ¿Dónde queda todo nuestro mundo cuando comprendemos que estamos en una trampa de tal magnitud? ¿Cuál es la salida a este juego macabro de los pensamientos y las emociones? Tiene que haber algo más, me dije. Mi felicidad no puede depender de cómo yo armo y desarmo el rompecabezas.

El primer engaño es la atención que le prestamos y el papel de director que jugamos en esta dinámica de creernos controladores de nuestros estados de ánimo. Inventamos nuestra propia cárcel para luego soñar que nos liberamos de ella; sufrimos solo para luego experimentar el no sufrimiento y en ese contraste caemos en la trampa del ir y venir de los pensamientos y las emociones. En este tire y afloje, en esta fricción, se forja nuestra falsa identidad, el ego, raíz de todo conflicto.

El ego no existe, no es real. La percepción del tiempo surge a partir de su necesidad de creerse Dios, de creer que tiene sus mismos atributos, de engañarse a sí mismo pensando que, al igual que la divinidad, él fue, es y será. El ego sabe que no puede habitar en el presente, sabe que solo es una idea en nuestra mente sujeta a nuestra percepción del tiempo.

*El momento presente, entrar en esta dimensión del ahora, es lo que provoca la inhalación profunda que nos llevará al estado de paz que estamos buscando.*

# LA REENCARNACIÓN

Es una pregunta que surge con frecuencia: ¿Existe la reencarnación? Según Buda, esta sería una realidad en la experiencia humana, pero ¿a quiénes se dirigiría Buda en aquellos tiempos? ¿Qué necesitaban escuchar? Quizá todo esto surge del miedo a dejar de ser, a no existir después de la muerte.

Asociamos la reencarnación con volver a nacer, lo cual implica pasar por la experiencia de la muerte en primera instancia y luego vivir las experiencias relacionadas con todas las etapas de la vida: niñez, adolescencia, etc. También se nos dice que uno puede elegir el cuerpo o las circunstancias de esta reencarnación, lo cual puede llevarnos a visualizar infinitas fantasías: un cuerpo mejor, una familia perfecta y así sucesivamente.

Pero ¿qué pasaría si hacemos un cambio de paradigma sobre esta idea, si destruimos el arquetipo del concepto de reencarnación? Veamos, ¿y si para reencarnar no fuera necesario morir? Y me refiero a la muerte del cuerpo físico. Si pudiéramos concebir la idea de que fuera posible reencarnar una y otra vez aquí y ahora, en este mismo cuerpo, libres del pasado.

¿Acaso no hemos muerto muchas veces durante esta vida y renacido, renovados? Entonces, respecto a la reencarnación, ¿cuál es la experiencia más cercana que podemos tener para comprenderla mejor?

Les hago esta pregunta…

# INMENSO SENTIR

¿Estás inmerso en el mar de la vida, o el mar de la vida está inmerso en ti? ¿Estás inmerso en tus pensamientos o los pensamientos están inmersos en ti, como fugaces viajeros por tu consciencia? ¿Te sientes inmerso en tu corazón? ¿O tu corazón está inmerso en tu cuerpo? ¿Ves la diferencia?

Este aliento viene y va, trae consigo todas las respuestas, porque trae la vida, el milagro y la posibilidad de trascender todo conflicto.

O vives «aquí y ahora», o sueñas que vives; esta es la raíz de toda confusión. ¿Estás inmerso en el tiempo, o solo es un pensamiento inmerso en ti, viajero fugaz en tu consciencia?

Agradece al despertar, tus manos, tus pies, tus ojos y oídos. Agradece por la posibilidad de encontrarte a ti mismo, viviendo. Esta experiencia puede ser larga o corta, eso depende tan solo de tu forma de percibir. La ilusión del tiempo, la percepción del tiempo, tan solo te encadena a falsas premisas. El tiempo es siempre un abismo fuera de ti, la eternidad es la verdad dentro de ti.

*No vivas tu día como si fuera el último, vívelo como si fuera el primero. Hoy es siempre y eternamente el primer día de tu vida.*

En el ayer solo hallarás culpas, reproches y oportunidades perdidas: un oscuro mapa de ruta. En la idea del Mañana solo hallarás la ansiedad que necesita el ego para hacerte creer que eres algo que morirá. El presente te mostrará la belleza oculta tras todo ruido que ensordece y ciega tu naturaleza.

Date la oportunidad de tomar contacto con aquello que trasciende este mundo de ilusión. Regálate la oportunidad de abrazarte y abrazar este entendimiento. Recuerda que el propósito de tu vida no es el trabajo que haces, sino cuánto lo disfrutas. Y siempre ten presente lo siguiente: la belleza observada es tu propia capacidad de apreciarla.

Antes de sembrar, necesitamos saber qué semillas tenemos. ¿De qué sirve sembrar rosas o cardos cuando lo que necesito es el pan de la vida? Poco sabemos de la tierra en estos días, de sus frutos y ciclos; menos sabemos aún sobre las semillas en nuestro interior. Dentro de nosotros están todas las semillas que nos darían los frutos que buscamos. Fueron puestas allí desde el principio para nuestra evolución. Habiendo olvidado esto, nos hemos abocado a inventar y fabricar diferentes y falsas necesidades que nos mantienen siempre hambrientos, hambrientos de cosas que tan solo nos han ido alejando de la verdad que nos haría libres de tantos engaños.

Es primordial entender y saber dónde regar y dónde segar la mala hierba. Este conocimiento se encuentra dentro de nosotros, y es por eso la vital importancia de profundizar día a día en el conocimiento de nosotros mismos: sembrar, cuidar y cosechar. ¿Qué hacemos en este sentido? ¿Cuáles son nuestras prioridades? ¿Cómo me siento? ¿Soy consciente del ir y venir de este aliento?

La planta respira, el planeta entero respira. Es algo tan obvio y al mismo tiempo despreciado en cada oportunidad. Hacer énfasis en la importancia acerca de la toma de consciencia de este acto es el incansable mensaje de muchos maestros a lo largo del tiempo, a lo largo de la historia. Algo de importancia ha de tener.

Nuestra relación con el exterior, con el mundo de los objetos manifiestos, es a través de nuestros sentidos y, por ende, nuestra percepción. Cuando un niño nace, todos quedan expectantes ante un simple acto: ¿respira?

En cuanto el niño respira y así lo comprobamos, sabemos que hay vida. El mayor reto ha sido superado y es solo a partir de ese sencillo acto, su primer aliento, que comienza el milagro de nuestro viaje por esta experiencia que llamamos vida. Con el tiempo, este regalo es olvidado; se vuelve automático y le restamos importancia hasta el momento en que nos haga falta.

Comienza nuestra búsqueda de algo más, algo que nos lleve a nuevas experiencias.

El problema no es la búsqueda de nuevas emociones y vivencias. El problema es que olvidamos con facilidad que todo lo demás sería imposible sin el simple acto de respirar. ¿De dónde venimos? Una pregunta que tendrá respuesta a su debido tiempo y para cada uno de nosotros. ¿Hacia dónde vamos? ¿Dónde estamos? Preguntas que siempre me llevan al mismo lugar, al único que comienza y termina siendo punto de partida y llegada: el aquí y ahora. Solo tenemos el hoy; cada célula de tu vida está interesada en lo mismo: que este aliento, tu compañero leal desde el comienzo de los tiempos, siga llegando.

¡Es hoy! Tuve el privilegio de aprender sobre un saludo único de los aborígenes australianos. En lugar de un convencional «Buen día», ellos optan por «Es hoy», fusionando en dos palabras un saludo y un recordatorio profundamente significativo. Reflexionemos: ¿Cuánto valor realmente asignamos al presente, al «Hoy»?

Desde jóvenes, se nos inculca la relevancia de la historia, de nuestras vivencias personales, las cuales se convierten en un espejo oscuro a través del cual nos definimos y justificamos, perdiéndonos en laberintos conceptuales sobre nuestra identidad, nuestro entorno y esa abstracción que denominamos «realidad».

Paradójicamente, la sociedad también pone en un pedestal el futuro, otorgándole una importancia incluso superior a la del pasado. El mañana monopoliza nuestra atención con sus promesas de mejora o decaimiento, arrastrándonos en una vorágine donde el pasado y lo que podría haber sido nos consume, proyectando innumerables futuros posibles desde las sombras de lo no acontecido. Sin embargo, sorprendentemente, poco se habla de la importancia del ahora, del instante presente. Parece que las prioridades sociales desvían nuestra atención de lo verdaderamente esencial.

¿Anhelar el futuro? Claro que sí. ¿Reflexionar sobre el pasado? También es válido. Pero ¿qué hay de sumergirse en la experiencia de confiar y existir plenamente en el único tiempo, el instante de mayor certeza?: el presente. Esta verdad parece desvanecerse en la insignificancia para aquellos empeñados en perpetuar un mundo marcado por la escasez y el sufrimiento.

# JESÚS EN LA CRUZ

Bajemos al Cristo del madero. No lo dejes allí. No creas que terminó sus días vencido por aquellos que no lograron comprender su mensaje. No temas mirarlo a los ojos ni ver un cuerpo bañado en dolor. Corre a su encuentro en su morada, esta no es otra que tu corazón.

Quizá no escuches palabras. Quizás las respuestas no vienen como esperas, canta la canción del perdón, pero no lo dejes allí, en el madero. Baja a Jesús del madero y cuéntale tu pesar, invítalo a entrar. ¿Aún lo ves allí? No te culpes por su sacrificio, no creas en la cruz, no creas en los clavos, invítalo a la danza. Verás. El madero no es más que un símbolo, los clavos no son más que ideas, y el dolor un castigo que nunca tuvo lugar.

Llevarás esa cruz, sentirás esos clavos mientras el juzgamiento que atormenta al mundo pose sus garras sobre ti. No pienses en el cómo, será fácil, será el momento en el que entiendas que no hay dolor en el amor.

Ves una corona de espinas en su cabeza, imaginarás su desolación, pero no te engañes, porque la sangre que brota de las espinas nunca fue la suya. Baja a Jesús del madero, no sientas lástima, no era ese su cometido.

# MERECER

¿Qué se oculta detrás de la percepción del merecimiento? ¿Qué se oculta detrás del concepto de autoestima? Nos hablan sobre la importancia de tener una autoestima elevada y creernos o sentirnos merecedores de todo lo bueno que nos suceda, pero lo que disfraza esta idea es aquello que trae gran infelicidad a nuestra experiencia. La autoestima es una experiencia propia del ego; el creernos merecedores o no de cualquier acontecimiento que nos atañe es parte de una perfeccionada patraña que el ego utiliza, un programa exquisitamente elaborado y muy difícil de exponer a la luz sin la ayuda de la claridad que nos trae la intención de ir más allá de estas estructuras que parecen destruir toda posibilidad de sentirnos plenos.

Elena: Cuando algo bueno sucede en mi vida, me veo incapacitada de disfrutarlo. ¿Por qué?

Sebaji: Cuando algo bueno sucede en tu vida, ¿qué sientes?

Elena: Siento que no me lo merezco.

Sebaji: Cuando obtengo algo de lo cual no me creo merecedor, dime cuál es la emoción que surge.

Elena: Me siento culpable.

Sebaji: Cuando te sucede algo que consideras desagradable, ¿te sucede lo mismo?

Elena: Tiendo a pensar que algo malo debo haber hecho y que el karma me ha alcanzado.

Sebaji: Exactamente así es como funciona.

Nos creemos merecedores o no. ¿Estamos listos para dar el salto a una comprensión que nos libere de esta percepción errónea sobre el merecer? Mira, no eres merecedor de nada. No mereces lo bueno ni mereces lo malo. No se trata de merecer.

Un amigo viene a ti con un regalo, es un regalo que realmente adoras y te sientes muy agradecido. Esta es una experiencia que nos llena de amor. Ahora bien, si al recibir el regalo siento que no lo merezco, la culpa interferirá con tan bella experiencia. Y el problema viene aquí, si me siento merecedor del regalo es porque creo que hice algo para recibirlo. Estaré justificando el haberlo recibido, por lo tanto, el regalo deja de tener el poder de ponernos de cara con el milagro de recibir. La gratitud termina en ese mismo instante.

Tengamos en cuenta que el regalo solo tiene el valor que nosotros le damos, y más que el objeto en sí, es la misma experiencia de sentirnos agradecidos lo que impregna nuestro sentir. El verdadero regalo es vivir la acción como un acto de amor en sí mismo.

La autoestima, de la cual se han escrito tantas palabras y se impone como la forma de mostrarnos al mundo de tal forma que seremos aceptados y amados, es una trampa para mantenernos inmersos en una maraña de pensamientos, sentimientos y emociones que retrasan nuestro camino al descubrimiento de aquello que tanto necesitamos.

Para tener una autoestima elevada necesitamos creer en ciertas cualidades que consideramos positivas sobre nuestra personalidad; lo mismo sucede con una baja autoestima, necesitamos creer en nuestros supuestos defectos y listo, nos veremos a nosotros mismos como seres carentes y no merecedores.

Este lazo entre el merecimiento y la autoestima es importante comprender. Si entiendo que no soy merecedor de nada de lo que me sucede, dejaré de sentirme atado a la idea del juzgamiento, sometido a la idea de que un poder superior decide si soy malo o bueno, qué merezco y qué no.

*Nada de lo que experimento o vivo tiene que ver con el merecer
y toda experiencia que forme parte de tu vida no es más que lo
necesario para avanzar en nuestro camino.*

# APEGO AL PASADO

Tanta importancia damos a nuestro pasado, en él se basa erróneamente toda la comprensión que tenemos sobre nosotros mismos, sobre la vida y las circunstancias. Tanto miedo sentimos de perderlo, de olvidarlo, como si la verdad se albergara en tan infame ilusión. Un imaginario cordón umbilical parece someternos a un pasado inerte, carente de respuestas.

Al mismo tiempo le tememos al futuro, que no es más que un hijo de nuestro apego al pasado. Este futuro imaginario tememos perder; depositamos allí todo lo bueno que nos podría suceder y todo lo malo. De esta forma, la ansiedad gana terreno en nuestra percepción. ¿Pero cómo podemos temer a nuestro pasado si no es más que la fuente de nuestra errónea percepción de identidad? Le tememos porque no podemos controlarlo, así como tampoco podemos controlar el futuro. Desde esta visión, el pasado y el futuro parecen reales, vivos, y la falsa percepción de su sustancia imaginaria nos condiciona.

*Gran temor sentimos de perder el pasado y el futuro, y en este acto se nos escapa de instante en instante el regalo que recibimos con cada aliento, lo único que podemos dar por cierto: la dicha y la alegría de experimentar el momento presente.*

# DOS SABORES

La vida tiene dos sabores, al igual que la muerte: dulce o amargo. La vida puede ser dulce si disfrutamos de ella o amarga si la padecemos. La ilusión de la muerte también tiene dos sabores: dulce o amargo. Esto depende de lo que ella signifique para ti. Si vemos esta ilusión como un escape a nuestro sufrimiento, puede parecer dulce, el fin del dolor.

Podemos sentirnos víctimas de la vida o víctimas de la muerte. Cuando nos sentimos víctimas de la vida, queremos que termine; cuando nos sentimos víctimas de la proximidad de la muerte, le tememos. Es lógico, tiene lógica. ¿Cómo juzgar al hermano que sufre y su deseo por terminar con ese estado de desesperación?

Entendemos, burdamente, que la muerte es el fin de los sentidos, dejar de sentir. Cuando nuestros sentidos se muestran como herramientas del dolor, no podemos verlos como otra cosa que enemigos, enemigos invisibles. El escuchar puede resultar doloroso, los ojos, el oír, el tacto, el gusto, el frío o el calor. Todo lo que experimentemos puede resultar punzante.

¿Qué es un plato de comida si no sentimos los sabores? La vida nos puede servir el plato más suculento, pero si nosotros no estamos presentes, no habrá sabores. Puede alimentarte, alimentar el cuerpo, mantenerlo en sus funciones, pero esto no es suficiente. No para aquel que conoce los atributos.

La ilusión de la muerte nos propone un escape a nuestro sufrimiento y dolor. Nos cuenta que existe el fin, pero la muerte no tiene un fin en sí misma, es la vida lo único que es. En ese estado enajenado del ser humano, estamos convencidos por nuestra percepción errónea. Creemos que no somos más que los sentidos, que no somos más que un cuerpo en el cual se concentra toda realidad. ¡Qué ilusión! ¿Quién que haya cargado un niño en brazos puede creer esto? ¿Quién que haya sentido la responsabilidad de dar amor y vida puede sentir que solo es carne y huesos?

Encontrar el sentido de la vida requiere desapegarse de falsas elucubraciones del ego, el cual sí tiene un principio y un final, el cual sí depende de los sentidos para enmarcarse en una irrealidad, moldearse y fabricar los pensamientos que sustentan su falsa e inherente estructura, casi tangible, expresada en un cuerpo.

Extraemos energía de los alimentos, es mínima, pero necesaria. Se puede presentar en diferentes formas, texturas y colores, sabores. Pero lo único que comemos es sol, el sol y su energía manifestada en plantas, frutas o productos animales o los mismos animales. Todo fue creado por la energía del sol, sin este, nada crece en este mundo del cuerpo.

Aun así, nuestro principal alimento, el que debería ser obvio, es nuestra respiración. Es en el ir y venir del aliento donde todo se hace posible en esta experiencia, es aquí donde se da lugar el intercambio de gases que nos permiten realizar todo lo demás. Necesitamos del oxígeno para que todo el proceso se manifieste. Si hay un acto de amor en sí mismo, es este aliento, el combustible que da principio.

Entender esto, este acto instintivo de respirar, es lo que nos trae información y conocimiento. ¿A qué me refiero? Respirar es casi un acto inconsciente, algo que no decidimos, algo que no depende de nosotros, un acto irresistible.

Podemos dejar de comer por voluntad, podemos dejar de beber por voluntad, pero no podemos dejar de respirar. Es algo que está más allá de nuestros deseos, incluso prioridades. Quizá podamos retener la respiración voluntariamente durante cinco minutos, con entrenamiento quizá un poco más. Hasta que algo nos hará inspirar, aunque nos encontremos bajo el agua.

¿Qué es esta fuerza? Seguro hay alguna explicación científica, pero no es el punto. Si esta fuerza que hace mover el diafragma no es nuestra voluntad, entonces, ¿qué es lo que realmente podemos decidir? La vida no es nuestra decisión y tampoco la ilusión de la muerte. Cuán grande es la liberación que se produce al entender esto.

*Uno de nuestros mayores sufrimientos ha sido, es y sería la ilusión de que podemos decidir entre la vida y la muerte. Aun el fin de nuestra experiencia en el cuerpo no significa que la muerte cobre realidad. No es prueba de su existencia. Por el contrario, la vida no necesita prueba de nada.*

# DIÁLOGO

T: Hola, Seba, ¿cómo estás?

S: Bien. ¿Cómo estás tú?

T: Muy mal. Estoy pasando por un momento terrible. Me siento muy deprimido, ya no sé qué hacer, no quiero vivir.

S: Pero me llamaste en busca de ayuda, de una respuesta. Significa que aún estás queriendo comprender, comprender para estar mejor.

T: Quiero sentirme mejor, ya no puedo más, no doy más.

S: Entiendo, no das más. Entonces necesitas dar. Toma el teléfono, llama a alguien a quien amas y díselo, ve con alguien a quien puedas ayudar de cualquier manera, tiende la mano para dar porque es la misma que tiendes para recibir. En tus peores momentos, entiende esto, siempre tienes algo para dar. No hay mayor prueba de que el amor está contigo y en ti.

# MÍSTICA

*Amanecía camino al atardecer, el sol parecía contarnos una breve historia sin sentido mientras el tiempo se metía en la noche. Eran noches infinitas donde el encuentro con uno mismo era inevitable. La noche y el fuego que encendí parecían colarse en las almas que a su alrededor nos sentábamos.*

Por momentos, la noche quedaba a nuestra espalda; por delante, el fuego rodeado de ojos intentando descifrar todos los misterios. Éramos un grupo de almas buscándonos a nosotros mismos los unos a los otros. Durante el día, cada uno seguía su camino. A la noche, el centro sucedía con el sonido de invisibles campanas. Era un llamado místico. El lugar era una semi pradera en México; el principal alimento, una planta sagrada que nos regalaba la tierra, que más bien era ceniza.

Fue por ese entonces cuando sentí que no había nada que buscar, por lo tanto, nada que encontrar. Sentí, pero no entendí. Pasaron muchos años para que esas palabras que me susurró el viento al oído fueran decantando en entendimiento.

Sientes un llamado lejano, un llamado que te insta a sentirte bien. Parece venir del pasado, parece venir del futuro, parece haber distancia. Siéntate en actitud contemplativa; intenta escuchar. Es una voz, es un sonido, puede ser música. Inspira profundo y, al expirar, cierra los ojos.

Los pensamientos y las emociones son solo visitas. Algunas son bienvenidas, otras no tanto, pero son solo eso: visitantes. En cada inspiración, los pensamientos se activan, parecen cobrar vida. En cada exhalación comienza a mermar la actividad. Contempla el flujo de pensamientos, sentimientos y emociones. Tú no eres nada de eso. Continúa en actitud contemplativa. Tu viaje recién comienza. Intentas conocerte, saber quién eres más allá de toda esta corriente de pensamientos, emociones y sentimientos, pues no eres nada de eso.

Las sensaciones en el cuerpo vienen y van: dolor, placer. No eres nada de eso. Intentar ir más allá de todo eso, dejar atrás la ilusión, es tan simple como estar aquí ahora. Nada hay en el pasado para ti, las hojas secas no son otoño. No hay nada en el futuro para ti, esas imágenes no tienen vida. Pregúntate: ¿Qué sabes del amor? ¿Qué sabes del perdón? ¿Qué sabes de la culpa y el miedo?

No mires con los ojos del cuerpo, estos siempre te muestran lo mismo, un mundo que aunque parece cambiar siempre arroja los mismos resultados, siempre te lleva a los mismos lugares, hasta la desesperación. Observa con los ojos que no son parte de la ilusión. Ve más allá de las imágenes y de las emociones que estas te provocan. Intenta no juzgar; es imposible. Entonces, tan solo no te identifiques con el juzgamiento, no creas que eres quien juzga. Entenderás quién eres tú, quién piensa.

Continúa así, siendo testigo. Contempla, inspira y expira. Abre los ojos lentamente, contempla el mundo que inventaste: objetos sin vida, cuerpos que puedes temer u odiar. Y siendo honesto contigo mismo, dime qué ves de bello. Cierra los ojos nuevamente. Hay otro mundo allí en el cual puedes sentirte en paz. Visita tu jardín interior, continúa sembrando y cuidando las semillas del amor, allí donde la gratitud florece.

El mundo exterior, el mundo físicamente manifestado, es ilusión. Aun así, también se puede escuchar la voz que dice: vale la pena. Sacrifica el momento presente en pos de tus sueños de ilusión. Es el mundo del dolor, porque es el mundo que está sujeto a las leyes del tiempo y el espacio, que son lo mismo. El mundo interior, sin tiempo, no vale la pena porque la pena no tiene lugar allí. En tu jardín interior no hay sacrificio, los frutos son bien conocidos por ti, no obstante, no dejarán de sorprenderte.

La voz del mundo interior no te pedirá que sacrifiques nada, te dirá que entregues todo lo que no sirve para tu evolución a cambio de todo lo que necesitas.

*Son estos tiempos idóneos para volver a ti, no temas en encontrarte a ti mismo. Nada de lo que has creído ser es lo que realmente eres.*
*Pronto se desvanecerán falsas creencias que te atan a un nombre, a un cuerpo y a un sistema de creencias que tan solo te han mantenido esclavo de un falso amo: el ego.*

# QUERIDOS AMIGOS

Hemos llegado al final de estas páginas y, como lo prometí, quiero hacer énfasis en esta frase: «La belleza observada es tu propia capacidad de apreciarla». Aun así, sabiendo que la realización de esta experiencia es un pilar para el despertar, quiero agregar algo más. Algo que necesitas recordar para que la experiencia de gratitud se manifieste profundamente.

En cuanto realices esta verdad, será porque habrás dado el único y último paso; lo que viene a continuación será que la divinidad dará el paso hacia ti.

*Te digo, hermano mío, que al entender que «La belleza observada eres tú mismo», comprenderás que esa capacidad se te ha sido dada por aquello que fue, es y será. Es un regalo que aceptarás y reconocerás como un presente que proviene de aquel que te dio la vida, aquel que conscientemente o no, amas.*

Querer ser eso que entendemos como una manifestación más elevada, o querer experimentarlo.

No tienes alas, por eso no puedes volar.

Mira, si quisieras ser la serpiente y comenzaras a reptar, te aseguro que dejarías la piel en el intento.

Algunas tradiciones dicen que eres el fuego, el agua o el viento.

De alguna manera, hemos adquirido el deseo de ser algo diferente, algo que creemos sería una experiencia trascendental. Esto nos ha llevado a exacerbar la búsqueda de experiencias a través de los sentidos.

Tú no eres fuego, ni agua, ni viento. Y te digo, hermano mío, que nada de eso eres.

Nacimos en este mundo para experimentar. No te dejes llevar a la confusión identificándote con los fenómenos que en este plano se manifiestan, por maravillosos que se muestren, y que en algún aspecto lo son.

Eres mucho más que el conjunto de todos, eres aquel que experimenta el viento, el agua y el fuego. En esta realización, me libero de cualquier falsa proyección, de cualquier triste deseo de ser algo diferente a lo que soy.

Otros dicen que eres el amor, la dicha y la paz, el mismo Dios.

Pero en el hecho de querer integrarme al objeto, estaría terminando con la relación. Si vemos que la experiencia en este plano es pura y exclusivamente la relación, es esto lo que podemos y estamos destinados a experimentar.

Imagínate querer ser algo que ni siquiera comprendo, cuánta confusión ha traído esto a nuestras vidas.

Vive, siente, comprende que nuestra experiencia es relación. Experimentar los fenómenos sin duda nos irá llevando a un conocimiento más profundo de nuestro ser. Es en la relación con la divinidad que experimentaremos nuestro eterno acercamiento. Pregúntate si quieres ser aquello que anhelas o simplemente necesitas vivirlo, sentirlo, expresarlo y compartirlo en tus actos.

En esto, que es verdad para mí, descanso.

Por eso te digo, hermano mío, vuelve.

Todo este mundo no es más que una máquina de generar ilusiones.

De esta forma te alejas de la paz y la alegría que hay en ti, de la toma de conciencia de ser quien realmente eres.

Por eso te digo, hermano mío, vuelve, no te dejes arrastrar por la tormenta de pensamientos.

Vuelve lo antes posible del sueño que sueñas, del sueño en que te sueñas. Esto sucederá cada vez que te percates de la ilusión a la cual te ha llevado el Ego. Vuelve y verás que este fue un viaje nunca iniciado. Poco a poco, el pesar de la ilusión cederá.

Así entenderás que lo contrapuesto a la ilusión no es un trago amargo. Sé valiente y abraza la desilusión, que no es más que la muerte de lo falso. Verás que lo contrario a la ilusión es la dulce realidad que despeja el cielo de la vida, la verdad que no es nunca semilla de dolor. La ilusión no es más que un momento de distracción.

*Perdidos en el sinsentido, nos hemos hallado innumerables veces replanteando situaciones, sin encontrar solución alguna más que la sonrisa, la inexplicable alegría de estar vivos luego de tanta controversia.*

*Perdóname, hermano mío, por no poder darte seguridad, por no poder llevarte más allá de los problemas, el sufrimiento o el dolor. A lo sumo, puedo decir que me he mostrado ante ti con honestidad.*

EDIQUID

9 786125 160737